U0645147

领导力的本质

向松下幸之助和稻盛和夫学习

[日] 加藤靖庆 / 著
夏小珍 / 译

图书在版编目（CIP）数据

领导力的本质：向松下幸之助和稻盛和夫学习／（日）加藤靖庆 著；夏小珍译. —北京：东方出版社，2019. 5
ISBN 978-7-5207-0871-5

Ⅰ. ①领… Ⅱ. ①加… ②夏… Ⅲ. ①领导学—通俗读物 Ⅳ. ①C933-49

中国版本图书馆 CIP 数据核字（2019）第 044312 号

领导力的本质——向松下幸之助和稻盛和夫学习
(LINGDAOLI DE BENZHI——XIANG SONGXIAXINGZHIZHU HE DAOSHENGHEFU XUEXI)

作　　者：[日] 加藤靖庆
译　　者：夏小珍
责任编辑：贺　方　钱慧春
责任审校：曾庆全　孟昭勤
出　　版：东方出版社
发　　行：人民东方出版传媒有限公司
地　　址：北京市东城区东四十条 113 号
邮　　编：100007
印　　刷：北京盛通印刷股份有限公司
版　　次：2019 年 5 月第 1 版
印　　次：2019 年 5 月第 1 次印刷
开　　本：880 毫米×1230 毫米　1/32
印　　张：7. 75
字　　数：155 千字
书　　号：ISBN 978-7-5207-0871-5
定　　价：36. 00 元
发行电话：(010) 85924663　85924644　85924641

前 言

我将本书书名定为《领导力的本质——向松下幸之助和稻盛和夫学习》。

我之前发表过不少从管理论、行动科学、社会心理学等角度论述领导力的论文，内容各有不同。也就是说，单单从一门学说的角度来给领导力下定论是一件很难的事情。

每次被问起“领导力的本质是什么”，我觉得很难给出一个大众的答案。根据领导者的思维方式、人生观和人品的不同，领导力会有所差异，同时，时间、地点、实际状况也是其重要的影响因素。比如，平常和紧急情况下的领导力就会有很大不同。不同的场合和状况也是同理。

一个优秀的领导者，首先会确立有个人风格的基本方针，并且审时度势，设立适当的工作目标。在组织当中，根据阶层和地域的不同，职能部门也会有所不同。构成组织的众多职能部门如果有效发挥功能的话，也是能够达成工作目标的。这取决于领导者的领导力。此外，市场环境是千变万化的。面对这一情况，如何调动手中的经营资源处理问题，也就成为领导者面临的又一课题。

经营是有生命力的，也是一种有创造性的活动。领导力绝非一成不变，必须随着时间、场合、状况的不同而改变。能够运用它的人就会被组织认为是优秀的领导者，并受到社会的瞩目。

本书提到的，一位是在昭和时代叱咤商界的松下幸之助先生，另一位是在战后日本经济高速发展期创业的从昭和到平成时代取得了丰硕成果的具有高度影响力的稻盛和夫先生。

松下幸之助先生被誉为“昭和经营之圣”，稻盛和夫先生被誉为“平成经营之圣”。松下先生已经故去，请允许我在后文中用全名来称呼他。稻盛先生还健在，我在书中会称呼他“稻盛先生”以表亲近。

这两位人中之圣的共通点是“以人为本的经营”，这也是扎根于日本式经营的对人性的尊重。具体来说，就是即使处于不景气的经营状况中，也要尊重员工、不裁员、充分发挥员工才能的经营方式。

这一点，不仅是松下幸之助和稻盛先生，在佳能的御手洗富士夫会长兼社长、日本电产的永守重信社长，还有丰田汽车的丰田章男社长等堪称日本式经营代表的经营者身上也能看到。“终身雇佣”这一贯彻始终的信念，尽管被外国管理者认为天真幼稚，但是日本的经营者们坚信这能够从根本上提高全体员工的工作积极性。

因为日本的经营方法在国外存在异议，所以我在此不做评价。但是，经营是要扎根于本土文化，根据传统、风俗、习惯的不同而有所不同，且非变不可。因此，在日本就实行日本式的经营方式，在国外就实行适合本国的经营方式，这是理所应当的事情。在泡沫经济破灭的平成初年，日本的一些大企业引进欧美奉行的“成果主义”的人事制度。但是这一改革最终失败，日本社会普遍认为其原因是实行了不符合日本国情的经营制度。

日本是典型的农耕民族，而且是由万世一系的大和民族组成的国家。这与美国有着本质的区别。美国国民具有高度的宽容性，能够接受任何宗教，源于宗教的民族对立事件在这个国家不会发生。

四季景色宜人，拥有丰富的自然资源，空气清新，水源纯净，这一切构成了日本，也成就了日本文化。扎根于此的日本式经营将“以心传心”的交流方式作为根本，用勤勉和相互扶助的团队精神加以维系。日本式经营不喜“一言堂”，崇尚“全员一致”的中庸之道，并以此作为组织运营的要素。但是，在组织内部仍有激烈的利益之争，外部也不乏与竞争对手甚嚣尘上的激烈竞争。

农耕民族孕育了“榻榻米”的文化。静坐在榻榻米上研习的花道、茶道，还有在榻榻米上过招的柔道和合气道……所有这些自始至终贯穿着礼仪之道，重视鞠躬和规矩，尊重形式和形态。

很久以前的日本家庭，都是一家人在铺着榻榻米的客厅里其乐融融。那时日本房屋的内部结构特点是，要去任何一个房间都必须经过客厅，客厅成为家庭的中心地带。在那里，孩子们跟从祖父母学会人情世故，在寒暄、回应、行为举止等礼仪的熏陶中慢慢长大。

“在街上见到邻居叔叔阿姨，要低下头打招呼。”“不能骗人。”“不能撒谎。说谎是成为小偷的开始。”“在街上看到有困难的人要热心帮助。”“绝不能欺负弱者。”孩子们从小就被灌输这些为人处世的礼仪。

日本式礼仪也深深扎根于日本职场。也正因如此，日本的经营状况才能稳定，从社会劳动方面支撑着日本高速发展的经济。作为职场改善活动之一的QC也在日本式经营模式下结出了丰硕的成果。

全球化时代中，个人业绩和成果的重要性开始凸显，很多人质疑日本式经营能否维持下去。尽管如此，以丰田汽车为首的丰田旗下各公司、本田、佳能、京瓷、日本电产等日本代表性企业依然坚守着日本式经营的根本。这一精神，就是之前提到的“以人为本的经营”。

否定年功序列、学历、性别等个人因素造成的差别，在引入业绩·成果主义制度的同时，尊重“和”的精神，依靠团队协作来经营。虽然团结一致的原则在第二次世界大战中给日本的企业造成了巨大损失，但是战后，却成为了急于取得成果的日本企业的绝对主心骨。“内”“外”的明确差异，成为企业区别于竞争对手在市场中能够生存下来的必要因素。日本企业在海外市场的激烈竞争中也取得了胜利。日本位于地球的最东端，虽然国土面积仅占全球的0.3%，但是在近期国际经济抬头的形势下，大力提高GDP，成为仅次于美国的国家。

本书大致分为五章，依次为：第一章“思考领导力的角度”、第二章“从日本式经营中学习领导力”、第三章“向松下幸之助学习领导力”、第四章“向稻盛和夫学习领导力”、第五章“实践版　磨炼领导力”。

本书虽为学术书，但是内容偏重实务，旨在为领导者提供一些支持和帮助。如果阅读本书的领导者能够从中得到一点感悟或同感的话，我将感到非常欣慰。如果读者能够通过本书了解到领导力的真正含义，或是内心对领导力认识与本书不谋而合，那出版这本书的一大半目的已经达成。另外，我觉得本书对于商学院和创新研究学科的研究生、刚刚从校园踏入社会的学生来说，也是一本实务参考书。

本书引用了很多企业经营者的观点，请见谅书中没有注明这些引用的出处，也没有附上索引。

也有一些内容引自我自己的作品：

(1)《从松下幸之助那里学来的原理》，三惠社，2008 年。

(2)《日本式经营和领导力》，税务经理协会，2010 年。

还有一些出自我发表在《CBR　中京商务》上的论文：

(1)《丰田的日本式经营精神》，2010 年 3 月第 8 期。

(2)《以人为本的经营和领导力》，2013 年 3 月第 9 期。

我成为中小企业咨询师是在 1974 年（昭和 49 年），至今已有 40 多年。我崇尚实干精神，不懈怠，不犹豫，心怀执念，勇往直前。通过不断的努力，我成为中京大学经管系的专职教授，我也把这视为自己工作的一大成果。2008 年（平成 20 年）4 月负责“经管论”等课程。两年后，我到了退休年龄，离开了中京大学。不过自2010年（平成22年）至今，我以客座教授的身份，任教于中京大学研究生院商务·创新研究系。

商务·创新研究系也是社会人研究生院MBA课程，该研究生院在八年前（2006年）取得了中小企业咨询师注册培训机构的资格，设立了面向第1次考试合格者的为期两年的培训课程。中小企业诊断课程得到了中小企业厅的认可，在其严谨的指导下开展着讲座课程和实践。

参与课程的学生需要两年内完成为五家企业进行经营咨询的实习任务，作为客座教授的我，担任他们的实习负责人。我和这里的工作合同是一年一签，在获得工作机会的同时，也获得了将这里的中小企业咨询师实习教室作为研究室使用的权利。与和我同年龄段的人相比，我确实得到了很优越的条件，过着充实而自在的生活。

话虽如此，我也不知道何时会和这里解除合约，因此打算将在中京大学就职后发表的作品和论文做一次集中的总结。但是，要写就一本书，对于我这种实干型的人来说，是需要全力以赴的，因此我严阵以待。

在2014年4月，樱花将要凋谢的时候，我在中京大学研究生院的中小企业咨询师课程的学生，同时也经营着一家书店的竹川时彦先生，接受了将我之前的作品进行汇编的任务。竹川先生对此不取任何报酬，我感到非常过意不去，但正因为有他这样的强大支持，我才能毫无后顾之忧地一心投入作品的创作之中。

得到商务·创新研究系系主任宫川正裕教授的推荐和系委

员会的许可，商务·创新研究系成为这本书的出版商。在此对宫川主任和出版委员会的诸位老师表示衷心的感谢。

另外，在本书出版之际，我得到了中央经济社经营编辑部浜田匡先生的大力协助，在此一并致以深深的谢意。

加藤靖庆

2014 年 9 月

目　录
CONTENTS

第一章｜思考领导力的角度

第二章 | 从日本式经营中学习领导力

第三章 向松下幸之助学习领导力

第四章 | 向稻盛和夫学习领导力

第五章 | 实践版　磨炼领导力

第一章

思考领导力的角度

一、什么是领导力？

（一）领导力即人的潜力

所谓“领导者”，就是在组织活动中发挥领导力的人。对于领导者来说，他的工作就是发挥领导力，职责是通过发挥领导力，达成组织的目的和目标。因此，优秀的领导者之所以能够取得出色的工作成果，就在于他能发挥出众的领导力。

那么，何谓领导力？

基于多年在企业内针对管理者、监督者、团队主管的领导力的研究经验，我认为“领导力就是领导者在组织内部发挥自身所具备的素养、能力和统率力，依靠其强大的影响力，将自己的想法传达、渗透到下属的头脑中，并且使其按照自己的意志行动的能力”。

我指导的管理者、监督者和团队主管中尚无人对上述观点提出异议，所以在本书中也沿用这一概念。

简而言之，领导力就是以人格魅力为首，从人性高度来思考的人的潜力。所谓组织要求的“潜力”，就是人的本性之外的在职场中表现出来的“力量”“判断力”“统率力”。

谈到这里，有一点切不可忽视，那就是一个优秀的领导者必须具备良好的品行。品行是指一个人的人性中所表现出来的东西，如果将“修为”“教养”“人格”和“人品”等统称为“人性”的话，那么人性越丰富的人越具有良好的品行。

如果被人问起“你作为领导者，存在的目的是什么”的话，“磨炼意志和提升人格魅力，用良好品行打造自己的形象”不失为一个不错的回答。我认为这就是，从他人的立场来评价，“这个人是否具有良好的品行”。

“良好的品行”，具体是指“不说谎”“不败坏他人名誉”“不走偏门”“不欺诈”“不为一己之利而利用他人”，是人应遵守的基本道德，植根于一个人的伦理观。这些都是支撑领导力的基本因素。

另外，没有自尊心的人通常被认为不具备良好的品行。我希望管理层都能够带着自尊心去工作。自尊心是自信心的另一面。自信就是相信自己。这需要日积月累的努力。

经营者会长期观察顶层管理者的品行。不仅如此，周围工作的员工也会在一旁冷静地观察管理者的一言一行，判断跟随这样的管理者是否会有坏处。

一般来说，公司顶层管理者的能力决定着公司组织规模的大小。组织的规模不应超过顶层管理者的管理能力。要是扩大组织规模，拓展企业的经营范围，就不得不提高顶层领导者的能力。经营者应如何维持企业文化，并将其灌输给身边的人，乃至渗透到公司的每一个角落，这是一个亘古不变的课题。

（二）领导力需要随机应变

这是发生在1995年一个早春清晨的事情。阪神・淡路大地震之后，到处都是断壁残垣，电视台记者赶赴当地进行现场报道。报道指出了受灾民众缺乏饮用水、食物、住处、洗浴设施等生活物资的窘迫状况，也严厉批评了政府的失职。

电视屏幕上，现场记者用控诉的口吻略带夸张地报道着受灾民众生活中的种种不便之处以及对出现这些状况后的不满的态度。画面呈现出向观众们控诉的姿态。

但是，最引起我注意的，是镜头中一位厂房尽毁的鞋子加工厂老板说的话。现场记者和受灾民众都是向观众描述着自己目前生活中的各种不便，但这位工厂老板说："我们真正想要的是对未来生活的希望。如果对未来还能有所期待，那么我们就能克服目前的种种困境。"

作为受灾民众，无论救援物资来得多快，如果对今后的生活失去希望的话，那么目前所面对的困境就丝毫不会改善。这番话对我有很深的触动。

什么是领导力？领导力是随着状况的不同和下属的期待而做出调整的。面对处在生活条件极为艰难的灾区并且不知明天会怎样的灾民，和面对报道这一情况的新闻媒体或者在客厅、书房收看新闻的观众，显然是要发挥不同的领导力的。

但是，无论身处怎样的状况，领导者必须为下属展示勃勃生机、令人斗志昂扬的光明前景，给予他们未来的目标。如果没能激起下属的积极性，那么他们是不会努力工作的。

他们所期待的，不是眼前的生活，而是未来的生活状态。工厂经营者能否打起精神，重新站起来？是否能在震后工厂的废墟上，重新建起崭新的厂房？在这种状况下如何履行行政手续？即使处在极为艰苦的环境中，他们也希望能够找到重新振作起来的方向。作为领导者，此时最重要的责任就是营造能够令人积极向上的氛围。

美国前总统奥巴马上任的第一天，为什么无数民众顶着0℃以下的严寒聚集到广场上？这些不惧严寒的民众就是希望奥巴马总统能够为他们指明未来的方向，给处于寒潮之下的美国寻找新的希望。

但是，美国的调查机构称，这位美国总统在进入第二任期后期的时候，超过他的前任小布什成为美国历任总统中最不受欢迎的一位。民众对他的评价是：对内，在与美国议会的交涉中毫无力度；对外，走着弱势外交的路线，没有建立起美国的大国威信。对于期待着为美国树立强国形象的美国人来说，奥巴马在领导力方面还是很欠缺的。作为政治家，能够长期保持强大的形象，发挥卓越的领导力并得到国民们的支持绝非易事。

2009 年 9 月，日本民主党鸠山内阁以绝对的优势获得了执政权，这和奥巴马当时的情况很相似。在这一年的 8 月 30 日第 45 届众议院总选举中，民主党赢得了接近众议院席位三分之二的 308 个席位，获得了压倒性的优势。而背负国民殷切期望的，正是鸠山由纪夫首相。告别了自民党的官僚主导的政治局面，奉行“后官僚 · 政治主导”理念的民主党，给了日本国民耳目一新的感觉。

谁知，以高支持率开启政治生涯的鸠山内阁，不久就在政权运营中遇到了困难，还发生了金钱丑闻事件。次年 6 月上旬，上任仅仅 266 天的鸠山首相下台，这代表着终结了自民党长期一党执政的局面。众望所归的鸠山内阁执政不足九个月就下台，这实在是谁也没有预想到的。

以上两人都曾发表振奋人心的就职演讲。美国和日本的国民都希望他们能够带领国家摆脱寒潮的困扰走上改革创新之路。但是鸠山由纪夫作为一国的领袖还没来得及施展其卓越的领导力就下台了，这不得不让人扼腕叹息。

（三）激发团队成员的行动力

如果领导者非常出色，那么即使团队成员能力平平，其活力也是能够被充分激发出来的。另外，还能使他们获得成就感。“不能让员工拥有梦想，就不配做经营者。”说这句话的是松下集团的创业者松下幸之助。

一群人聚集在一起就会产生领导者，领导者发挥才能就形成了领导力。领导者不仅仅存在于公司中，也必定存在于政府、保健站、医院、工会等一切组织中。体坛、演艺界、家庭等不论什么场所都会产生领导者。这是因为组织和团体都需要来领导它的人。在这个世界上，有需求的东西就一定会存在，而不再被需要的东西就会慢慢消失，这就是宿命。

领导者之所以必要，是因为组织或团队需要领导力。而领导力，正是由员工和领导者之间的“相互作用”产生的。员工们时刻都在观察着领导者给予自己什么样的前景和方向，以及给公司的定位。

如果领导者给予的这些与员工们期待的不一样，那么员工们的工作热情就无法被激发。如果领导者给予员工的激励越低，员工为公司实现目标贡献的积极性就会越低。

领导者对员工发挥怎样的影响力，如何让员工朝着自己期望的方向去努力，这就是所谓的“领导力”。也就是说，领导力如何在组织当中有效地发挥作用。

那么一定会有人问，领导者作为整个组织的指导者，应该具备哪些能力呢？领导者素质的高低和力量的大小很关键，这影响到他对下属的统率力。地位和职位所附带的权威感是能够打动人的重要因素。员工是否心甘情愿地为企业做贡献，取决于上司的领导力。

回过头来再看看什么是领导力。领导力就是领导者让员工朝着自己期望的方向去努力。如果领导者能够激发出员工身上的积极性，那么就可以说，这个领导者对员工有效发挥了领导力。

二、领导力的技巧和资质

（一）领导者需要具备的六大职能

在这一小节，我想探讨一下领导者在企业经营中所应承担的职能，以及与作为执行者的员工之间相互作用而产生的领导力。

关于领导力，存在着众多观点。从实务的角度来看，这些观点其实都可以说是正确的。图 1-1 是对领导者作用的诠释，这也是我曾经在各企业给管理者、督导者培训时所用到的。

这个图的出处我不太确定，有人说它是美国通用电气公司在管理者培训的时候所使用的，我是在很久之前听说的。

L =Listen→不是简单地听，而是仔细倾听
E =Explain→为了让对方充分理解而详细说明
A =Assist→支持，协助
D =Discuss→推心置腹，坦诚相待
E =Evaluate→公正的评价
R =Response→负责任的回答，准确的回应

图 1-1 领导力应发挥的六大作用

我曾经在汽车车体、零部件制造公司和电力公司的培训课程中，向其中的管理者提问："这六条中，你觉得你能有几条合格？"我记得他们大部分只有三条合格。

我们分别来看一下这六项。"Listen"和"Explain"所涉及的是自己也参与其中的工作，所以可能会没时间去做。同样的，"Discuss"也需要花费时间，因此自己给自己打分时往往是不及格的。"Assist""Evaluate"和"Response"则是日常自发去做的事情。

据说松下幸之助是一个很愿意倾听别人意见的人。他总是热心地倾听下属的话，是一个极具包容心的人。他在听取下属汇报的时候，不太会说"你的想法就这个水平吗""没有更好的建议吗""你就考虑了这么一点吗"之类打断别人的话，而是说"哦，是这样""那之后怎样了"等，然后继续耐心听下去。

虽然对精神上是一种考验，并且"Listen"需要花费时间，但它依然是领导者应当履行的责任之首。领导者的工作从

“倾听”开始。如果上司能够认真听取下属的话，下属的工作积极性肯定也会提高。

在职场，上下级之间的交谈是交流的基准。首先就是上司要有一双愿意倾听的耳朵。就像一个家庭，亲子间无法顺畅对话，往往是一个家庭破裂的征兆。

如果上司总是打断下属的话，然后自顾自滔滔不绝，这样的人绝不具备做管理者的素质。他说的这些话可能是满足了自己的意愿，但如果下属没有理解、接受的话，那就等于白说。为了下属能够理解，就必须首先听取下属的心声。坦诚相待非常关键。但是如果交谈中遇到复杂的内容、形成对立的利害关系的内容，切记尽快结束对话。

（二）领导力的四大要素

下面，我们再来考虑一下领导力的定义。

“领导力就是领导者在组织内部发挥自身所具备的素养、能力和统率力，依靠其强大的影响力，将自己的想法传达、渗透到下属的头脑中，使其按照自己的意志行动的能力。”这是我在本书开头给“领导力”下的定义。

也就是说，领导力即

素养+力量+判断力+统率力=人格魅力

1. 素养

领导力中最先被提起的，就是素养。而具备素养的前提是，有教养、性格好，人品不好是绝对不行的。这样的人具有人格魅力，甚至有时会焕发出光芒。素养低下的人无法征服素养高尚的人。如果上司的素养不及下属高尚，那么他是很难让下属心悦诚服的，也就无法让下属按照他的意志行动。即便是用职位赋予的权力强压对方去做，最终也很难得到自己想要的结果。因为下属只是阳奉阴违罢了。

2. 力量

力量根据职务的不同，内容也不同。

如果是生产一线的领导者，那么就必须掌握部门所必需的业务知识和技术。因为对于工作现场出现的日常问题，他必须身体力行，起到带头示范的作用。如果领导者只是从后方发出指示的话，一线员工是不会真心追随他的。因为现场需要能够切实运转 PDCA（全面质量管理活动）、令生产活动顺畅进行的力量和通过 OJT 培养年轻下属的指导能力。

在企业内的级别越高，对目标设定和方针制定的能力要求就越高，从战术到战略的决策能力的要求也会越来越高。可以说，领导者无论处于哪个级别，工作能力都要高于下属，否则就无法获得下属的信赖。

3. 判断力

接下来重要的一点是判断力。判断力是商务场合不可欠缺的能力，至关重要。一项正确的判断可以为公司谋取高额的利润，相反，一个错误的判断就会让公司蒙受巨大损失。我从没见过一个判断力愚钝的上司会有下属愿意跟随。因为如果工作没有成果，就会影响升职加薪。长此以往就会和同龄人的收入产生很大差距。

判断力最终都是依靠“第六感”。有的人的“第六感”是通过长期职业生涯磨炼出来的，而有的人是天生就具备的。所以有的人认为，将“判断力”作为评价领导力的标准之一是不公平的。

信息收集能力：提高判断力的方法①

但是，在商务场合也有提高判断力的方法。第一条就是信息收集能力，能够从印刷物和媒体等一切来源获取信息。要养成每天浏览报纸、杂志、书籍的习惯，这一点非常重要。然后将有价值的信息在笔记本中记录下来。至于如何做笔记，通常都是按照个人习惯，方便使用即可。

笔记内容既可以按领域分类，如经济、管理、领导力等，也可以按职能分类，像财务、技术、销售等，只要方便自己使用就可以。关键是如何收集对自己有用的信息。很多时候，在听演讲、参加讲座时做的笔记是能够变成有用的信息的。

许多商务人士都认为“信息就是金钱”。但是，在能够轻易获取所需信息的现代，这个“金钱”指的是什么呢？如今，我们通过互联网能大量获取所需要的信息。给学生布置课题论文的作业，学生交上来的论文甚至比老师写得还要出色。但是，哪些是学生自己的原创，哪些是抄袭来的，有时候不得而知。在可以随时轻松获取所需信息的时代，如何判断信息内容本身便成为决定结果的重大要素。

在求职面试中，学生对招聘人员的提问往往对答如流，似乎难辨优劣。这主要是因为擅长收集信息的学生越来越多，加上对面试常见问答的训练和准备较为充分。优秀的答案越多，说明缺乏个性的人越多。因此，面试官如何在适当的时候抛出一些在学生预想之外的问题，成为考量学生真正能力的一个重要标准。

从简单快速入手的信息当中，如何选择出对自己判断有用的信息，进而加工成自己的东西，这一点非常重要。如何把复制的信息变成支撑自己判断的材料，这时见识就变成最大的武器。

人脉信息：提高判断力的方法②

提高判断力还有重要的一点，就是人脉信息。拥有怎样的人脉，是获得内部有用消息的关键。例如，股票信息在报纸、杂志、网络上应有尽有，这简直是一个信息泛滥的时代。在这样的环境中炒股能否赚钱的关键在于有没有强大的人脉。炒股厉害的人，对信息的获取方法、对已知信息的看法是有独特之处的。这里就体现了判断力的差别。

言归正传，对商业具有准确判断的人也是能成为领导的宝贵人才。判断力，就是准确认识事物的能力，而洞察力是其决定要素。这也正是一种强大的领导能力。

4. 统率力

第四个统率力，是为了达成所属部门的既定目标而团结下属做出恰当指挥的能力。无论素养多好、判断力多出色，如果领导不能凝聚人心让团队精诚合作，也不会取得业绩。有统率力的领导和欠缺统率力的领导，其业绩会产生巨大差别。因此，有必要发挥领头人（立场、地位、权力等）的作用。

我们可以将以上叙述的领导力四要素总结成图 1–2。

理解了图 1–2 对领导力下的定义后，再尝试列举领导技能。

①素养，就是人格魅力。

⇒“素质”“教养”“人格”“人品”

②力量，就是专业的能力。

⇒“业务知识”“业务执行力”

③判断力，就是能更准确判断事物的能力。

⇒“信息收集能力、选择和编辑能力”“用长远的眼光从全局出发综合分析事物的能力”“客观判断局势的能力”“独具慧眼、认清事物本质的能力”

④统率力，就是引领下属，充分调动下属积极性的能力。

⇒“解说力”“交涉力”“游说力”“吸引力”

图 1–2　领导力必备的四要素

（三）领导力的技巧

1. 文化技能（文化形成・维持能力）

在各方面已经成熟的日本，对于企业来说最基本的是文化技能。这是所有阶层都需要的技能。文化内涵丰富的企业，对于从业人员和公司所在地区来说都是值得骄傲的存在，对于维持组织的团结和组员的品格都是非常重要的。文化氛围浓厚的企业才有魅力，这种魅力会吸引优秀的人才，更会培养出优秀的人才。

2. 概念性技能（抽象思维能力·概念化能力）

概念性技能是企业领导人和管理层必须具备的能力，是进行事业革新和组织变革的能力，战略的决策能力对企业的生存发展来说必不可少。管理者必须以超群的判断力把握问题、课题的本质，指明企业前进的方向，调动员工的积极性。领导层的洞察力决定了企业未来的命运。

3. 人际关系技能（人际关系掌控力·为人处世能力）

人际关系技能，是所有的管理者在其各自的立场上均需掌握的能力。营造良好的人际关系是一重大课题，它关系到企业能否实现团队合作，取得成果，能否像命运共同体一样团结一致克服企业所遭遇的困难。

具体的，要求领导者有沟通协调能力、指导能力，这些能力的强弱极大关系到能否提高下属的工作积极性，激发他们工作的内在动力。职场的协调、与其他部门的交涉都要求管理者不断提升说服能力，其基础也是人际关系能力。

为人处世能力出色的领导者率领的团队大多气氛活跃、积极向上，这有利于提升职场活力，凝聚职场能量。

4. 技术性技能（专业能力·业务执行能力）

技术性技能对高层管理者来说不是那么重要，对在工作第一线的管理人员来说要求极高。工作内容相关的专业知识、技术、技能等在对员工进行 OJT 培训时就变得尤其重要。还有，在现场改善中也能发挥作用。要把现场改善活动变得持续有效，管理者的全力支持和专业立场的意见是必不可少的。

不认真执行现场改善、作业改善，生产能力就不会提高。无论制造业再怎么更新设备、零售业再怎么改装店铺，不持续实施现场改善都不会有太大的效果。很快就想买机器的制造业现场和很快就想花钱开店铺的零售现场无法成长，因为现场管理者没有用心。事无巨细都尽心尽力才是现场改善之道。

（四）领导者应理解的组织原则

定义领导力之后，我们来说说作为领导者必须理解的组织原则。

组织，是由人和工作系统构成的有机体。从工作方面来说，为了完成组织的目标首先要分配业务。人的方面，需要针对具体的业务内容把合适的人才配置到合适的岗位。作为管理者就是要培养适当的人才，不但要想尽办法提高员工的业务知识、技术、技能好让他们能顺利完成各自负责的业务，还要调动员工的工作积极性让他们自发地追求自我改善。

而且，为了实现组织的目标，必须对组织进行有效的管理。为此，在管理组织方面就需要一个灯塔般能够成为准则的基准。这个基准之一就是组织原则。

组织原则，不是适用于任何场合的绝对基准。因为组织是活的。必须顺应外部环境和内部环境的变化，展开多方面的管理。就像不可能有唯一绝对的组织形态一样，组织原则也必须灵活运用。

能成为管理组织的准则的一些代表性的组织原则，可以归纳成图 1-3。

图 1-3 所列的这些组织原则中，当下最重要的一条是“道德伦理（Moral）和士气（Morale）高涨原则”。就连能代表我国的著名大企业，也因道德危机而接二连三发生被严肃问责的事件。既有上层卷入其中的案例，也有在上层预先不知情的情况下发生的案例，总之整个企业都必须重新确认树立道德规范。

最近，把“遵守法令（Compliance）”纳入员工行动指南的企业越来越多。甚至有的企业将其制度化，无论职位高低，只要有违反企业规章制度的行为，都会毫不留情地直接通报到上层机关。

道德伦理的确立和内部渗透，跟现场的安全管理同样重要，在早会及各种会议时都必须反复彻底贯彻，让全体员工自觉领悟是非常重要的。现场一旦发生灾难或者事故，给现场工作人员带来的不安，根据灾难或事故的程度不同，很可能是无法消除的。同样地，牵连上层的道德危机事件，也会给企业带来挥之不去的道德丧失感。

人的地位越高，就越需要严于自律，这是亘古不变的原则。但偶尔也会松懈，所以每日自省是非常必要的。一定要引起重视的是，上层管理者的道德缺失会导致组织整体的道德水平下滑。

(1) 职务分工的原则

① 同一种类的工作尽量分配给一个组织部门负责。

② 分工要明确，界限要清楚。

③ 分工要无遗漏地公平合理。

(2) 责权相结合的原则

① 把工作委派给下属时，要明确其权限，以便其能顺利完成工作。

② 必须明确权力一定是伴随着相应的责任的。

③ 权力与责任是对应的。

→ 给予部下的权力的范围和程度，与其应担负的责任的范围和程度是同等的。

(3) 统一指挥的原则

① 下属只能接受某个固定上司的命令和指示。

② 有多个上司发出命令、指示，下属则会混乱，无法安心工作。需要避免这种情况。

③ 对下命令和对上汇报应该单线进行。

(4) 管理范围适度化原则

① 一个主管能直接有效地指挥下属成员的数目是有限的。

② 下属的人数在主管有效指挥范围内达到最大数量是合适的。

③ 下属的人数安排，要综合考虑工作的难度，如复杂程度、标准化程度等因素。

(5) 管理层次适度化原则

① 组织变大层级就会变多，实施组织的策略就会迟缓，所以要抑制组织的过大化。

② 人员分工越细化，组织层级就会越复杂，必须考虑人员层级现状。

③ 层级的适度化与沟通有效性紧密相连，所以要避免层级太多。

(6) 道德伦理和士气高涨的组织原则

① 企业确立道德伦理原则，组织人员道德素养高是根本。

② 组织的根基是具备良好的伦理道德。

③ 工作的高效执行需要组织人员的高昂的工作热情。

④ 伦理道德水平高的职场，员工的工作热情也会很高。

图 1-3 代表性的组织原则

稻盛和夫常说，管理者要做的事就是反复学习“人的正确活法”，并努力将这种活法控制在理性当中。就像运动员每天不坚持锻炼就无法保持肌肉一样，疏于修炼内心的经营者也会堕落。他们自身无法遵守简单的道德规范，也无法让员工遵守，所以企业丑闻不断发生。有人提出规避企业管理的危机，当务之急是构筑高度完善的管理系统。但“不许欺骗”“不说谎”“为人正直”，这些简单而又原始的教诲，作为企业上层的经营者和干部应该首先彻底贯彻遵守，然后让员工遵守，这种从上到下的执行方法对规避危机会有效得多。

无论时代如何进步，企业的管理系统如何完善，领导力的根本永远不变，那就是不断追问作为人的正确活法。这是稻盛和夫教导我们的。

（五）领导者应具备的资质

接下来我们来考虑领导者应具备的素质。

在《PHP 商业评论》（2003 年 5、6 月号）中，中谷巌 UFJ 综合研究所（现三菱 UFJ 研究与咨询中心）理事长，对领导人应具备的素质总结如下。

> 领导者应具备的首要素质或者说条件是拥有“志向”。没有远大“志向”，心中充满私利私欲的人很快就会被看穿，也不会有人愿意追随。大志背后的想法是“自己的存在是由他人支撑的”“自己能有今天并不是靠的一己之力，而是周围人的支持，有了大家才有今日之成就”这样对社会的感恩之情。利己

主义消失，一有机会就想回馈社会的这种心情很快就会变成一种远大“志向”。具有远大理想的人自然就具备人格魅力，让人感觉“那个人浑身散发着光芒”，而光芒的本质就是“志向”。

领导者应具备以下四项素质。

①有让社会变得更美好的“志向”。
②能展示高瞻远瞩的远大前景。
③具有打动他人的说服能力。
④有决心做大事。

中谷巌把“志向”列在领导者应具备的素质或条件的第一条，而且必须是使社会变得更美好的“志向”。

领导力与用地位、权力、权威来左右下属的权力不同，周围的人、下属如果不能心悦诚服地接纳自己，就不能有效实施管理。拥有让周围的人和下属心服口服，迷恋、崇拜的魅力很重要。为此，就有必要呈现出能让大家放心追随的形象，其前提是必须有“志向”。

如果说这个“志向”就是使命感的话，那以松下幸之助为首的著名经营大师们都具备这些素质。稻盛和夫在短短一年时间里重建日本航空正是出于一种使命感。能让功成名就的80岁高龄的著名经营大师稻盛先生出山的正是那不惜一切也要重振日航·JAL这个品牌的使命感。所以他才分文不取地接受了会长一职。

光说这些大师，也许会让大家觉得有距离感，那我们就用

身边的一些具体例子来讨论领导力的资质。试着列举你能得到周围的人和下属认可应具备的资质和心得。(图 1-4，1-5)

第 1 条 性格开朗。
(性格阴暗，别人不会靠近。孤僻的人是当不了领导的。只有聚拢人气，才会产生宝贵的人脉信息。)
第 2 条 一直向前看。
(沉溺在过去只会充满叹息。不向前看就看不见机会。)
第 3 条 要着眼大局，不能拘泥于眼前。
(首先要着眼大局。只有努力认清大局才能更近地把握事物的本质。)
第 4 条 兼备勇气和谨慎。
(没有勇气则无法行走于黑暗之中。但是危险总与勇气相伴，必须提高警惕、小心翼翼。谨慎细心也是作为领导的优秀品质之一。)
第 5 条 坚强，满怀挑战的激情。
(持续挑战是件很辛苦的事情。所以才说坚韧不拔也是一重要条件。)
第 6 条 不惧失败，不甘居于人后。
(天外有天，人外有人。光是不怕失败还不够。应该比任何人都善于动脑思考，并通过行动来证明作为领导的自己是组织中不可或缺的存在。)
第 7 条 有处变不惊的宽广胸怀和机敏的头脑。
(组织的问题、下属的问题，许多都是极其复杂的，要宽容接纳。同时，具备变个角度、换个视角灵活处理的度量也很重要。)
第 8 条 对新鲜事物保持好奇。
(外部环境不断变化。作为领导必须不断学习，更新知识、技术。)
第 9 条 做事有使命感。
(地位越高就越有使命感。使命感能打动自己，影响周围的人和下属。有了使命感才是真正的领导者。)
第 10 条 心灵纯洁，品格高尚。
(能够长期让人信服的，是一个人出色的人格魅力。用高洁的精神磨炼自己的品格，不断提升人格魅力的领导才是优秀的。)

图 1-4 作为领导者需具备的 10 条资质

① 事无大小首先要懂得倾听。

（倾听虽然有时候花费时间，但成为领导的条件之一就是会倾听。有时候需要竖起耳朵用心聆听。）

② 痛恨的事情、厌恶的事情不要带到床上。

（轻松进食、愉快入睡也是领导者的必要条件。要想保持身心最佳状态，就得尽量心无杂念地入睡，有个好睡眠。）

③ 早晨上班前简单活动身体。

（有些领导每天一大早坚持跑步，其实即使每天出门上班前简单地活动活动身体，也对健康十分有益。）

④ 批评下属时，不要带怒气。

（有人说不会批评人的领导就没有当领导的资格。批评要严肃认真，但切忌带着主观情绪。）

⑤ 以"的确如此""嗯""哦，是啊""想法不错"等回应下属的话时，要凝视对方。

（沟通不畅，工作就无法顺利展开。再次强调，和下属谈话时，倾听最重要。）

⑥ 平时经常由衷表达"很开心""那真让人高兴""真合适""那可太棒了"等。

（满含感情的应答，能让对方放松，缓和气氛。要能做到自然而然地真情流露。）

⑦ 自掏腰包。

（和年轻人相比，领导要用到自己零花钱的机会比较少。但是和下属在一起的时候，可以请对方喝上一杯咖啡。不光是金钱，为下属用上自己宝贵的时间也是一种自己买单的行为。不要让人觉得自己是小气的领导。）

图 1-5　领导者的日常心得

图 1-5 所介绍的领导者日常心得生动具体，考虑到本书的性质是领导力实务参考书，所以也在情理之中。

领导者应心存大志，用纯洁的心灵净化内心，不断增加自己的人格魅力，还要全方位地关心组织内的各项事务，甚至是日常身边发生的一些琐碎纠纷。为何连这种不起眼的小事，都必须事必躬亲？因为领导者总是要透过纷繁复杂的事物，去把握问题的本质内容。这的确需要准确的鉴别力和分析力，以及洞察事物本质的“慧眼”（不单单是看、凝视，而是发自心底的眼力）。这可以说正是领导者的一大重要资质。

40过半就匆匆离世的哲学家池田晶子在其著作《生活的哲学》（每日新闻社·2007年6月）里，关于哲学是什么是这样说的。

“哲学即思考”，池田说道，并断言“思考”就是“用理性洞察本质”，而不是其他任何东西。领导者必须比任何人都更用心“思考”。

池田所说的“思考”，是“探索事物的本质，即真理”。池田严厉地指出，“真正在思考的学者凤毛麟角，大部分学者都没有去洞察事物本质而只是与现象一起沉浮”。也就是说，不但没有人思考，甚至连该干什么都不知道。可以这样简单概括，哲学就是“自己思考”，“思考”这个行为本身就是“哲学”。

正要大放异彩，池田却英年早逝。在年轻人中人气很高的这位哲学家的话颇能打动人心。本书后面提到的松下幸之助、稻盛和夫都是善于洞察事物本质的。两位都是思考能力出类拔萃、智慧超群的。这两位既是经营大师，也是哲学大家。

池田晶子还留下了许多对管理者很有启示的名言警句。再引用其同本著作《生活的哲学》中的一段重要的话，来结束本小节。

> 当人失去活下去的手段时一定会求助于“语言”。必会寻求能够表达正确想法的语言。面临苦难、危机时人真正需要的是语言，而不是金钱、物质。能够救赎人的只有语言，从这个意义上讲正是因为语言的存在才有了生命。语言中蕴含着能够撼动人心的力量。语言是心灵的钥匙。

希望管理者能够逐渐掌握能够打动人心的语言。为此，必须磨炼自己。也就是说要不断提高自身的人格魅力。

三、培养人才，建立士气高涨的团队

（一）从“人才”到“人财”

若要创造新的业绩，就得有新的力量。要获得这力量，就需要崭新的教育培训。对教育投资才会养成全新的“人才”，这些人才会饱含新的激情创造出新的附加价值，这理所当然地就形成了“人财”。

1. 珍惜每一位员工

被尊重、被期待的人会努力回应这份感情从而充满热情。这在职场中就会形成成功的体验。通过这样的体验，人会再接再厉继续学习，以学到的知识为基石向更新的目标发起挑战。

因此，职场里的所有员工都必须积极向前。如果当中有人总是沉溺于过去，那只会听到唉声叹气。唉声叹气只会传递出负能量。

消除叹息有一个方法，那就是珍惜、重视员工。经营者要信赖每一位员工，还要尊重每一个人。

我们经常说满足顾客（Customer Satisfaction），在这之前经营者必须先满足员工（Employee Satisfaction）。经营者需要日夜努力，提供能让从业人员满足的经济方面的保障和精神方面的保障。员工是在劳动法保护下工作的，但是经营者往往恨不得把员工所有的时间都变成工作时间。

2. 激发员工的积极性

经营者如果不能充分调动员工的积极性，则无法提升企业业绩，更不能赢得市场竞争。

为此必须持续不断地给予刺激。无条件满足员工是不可能的，所以必须尽最大努力让员工获得一般的满足，即满足员工理应获得的部分。“干得不错啊”，管理者显示出这样让员工觉得自己被肯定的姿态很重要。管理者给予正面刺激，员工就会回馈极大的工作热情。

经济方面的保障主要是工资、奖金、社会保险、养老保险等。人的欲望无止境，所以有必要提供能满足员工基本生活保障的年薪。如果有可能，最好能比同业界其他公司稍高一些，达到社会的一般期望。

精神方面的保障也非常多，从职场的良好的人际关系开始到维持良好的团队合作，基于正确人事评价体系的晋升、晋级，为了提高工作能力而实施的 OJT、Off-JT（集体研修）、SD（Self Development：自我发展）、CDP（Career Development Program：职业发展规划）等。

经营者一人无法全部实施，可以交给人事·总务部门，可以考虑每年每期按计划组织实施。给予员工参与经营的机会也能极大地激发工作动力。还有，别忘了让中坚干部、年轻员工也有机会进入到企业的高层委员会或项目组。

另外，公司里除了有正式员工，还有临时工或派遣员工等非正式从业人员。这些人主要从事既定的日常工作，根据操作指南干活。作为工作机器，他们每日的任务就是从早到晚、挥洒汗水，无法获得更高层次满足的机会。至少在生产现场，这已经是家常便饭。

与这相比，零售业卖场的主要员工是以临时工为主，对于非正式从业人员的管理也在逐步推进。在蔬菜卖场，理所当然地起用临时工家庭主妇做主任、楼层负责人。她们之中有的比正式员工头脑灵活、更加优秀。她们因为家庭的原因而无法全职上班，才做临时工。许多人都是很有能力的，如果家庭许可当年都能被录用为正式员工的。

无论是谁，都有懒惰的一面。工作当中最痛苦的，莫过于接到制作企划书、计划书、报告书，提交总结报告等烦琐的工作。基本上大多数人都会把需要动脑筋的工作往后拖延，先做那些只需要消耗体力而不需动脑的重复性工作。

年轻时候就逃避需要动脑的工作，耗费大量精力在日常重复的工作上，对这样的派遣员工、临时工的未来我深感担忧。如果习惯了那些机械重复的工作，一旦面对企划业务、制作改善方案等需要开动脑筋、富有创见的工作时，就会本能地抗拒，从而无法提高职场的竞争力。劳动力不足的时代已真正到来，问题会日益严峻。

3. 让员工切身感受到团队协作的重要性

应该还是2008年（平成20年）的时候，当时我正担任爱知县中小企业咨询顾问协会会长（当时是爱知县分会分会长），为会员单位、中小企业家与名古屋工商会议所名站西分会（当时）共同举办了一场讲演会。

当时的讲师是一家与汽车产业相关的、生产切削高精度零部件的公司的社长，他在2000年（平成12年）之后的短短八年间实现了公司的快速成长，将销售业绩和员工数量都增加了三倍。当时，这家公司和社长都经常登上报纸、杂志，在当地享有盛名。

我慕名拜访了这位社长，在闲聊之后我对他心悦诚服。据说，作为提高业务的措施之一，公司内部的4S（整理、整顿、清扫、清洁）表彰是以团队为单位进行的。社长说即使小组里有什么也不配合、拖后腿的人，奖金也是平均分配。平均主义虽然不公平，但依然特意平均分配。

这是让本人切身感受到团队协作重要性的最好方法。斥责很简单。但是被骂了，员工不会产生真正积极向前的内在动力。因为害怕被辞退也许会做完分内的工作。公司里，如果尽是些勉强完成分内工作的员工，那会有倒闭的危险。

那位社长认为，“用高品质和新技术发挥员工积极性的企业才是专业的集体”，为了构建这样的企业，全体员工应该精诚合作，努力向前发展。他认为，为了成为专业的集体，需要累积个人的力量，汇成一个团队，得出几何效果。

对于4S表彰的奖金，虽然出现了在谁看来那家伙都不该拿奖金的事，但还是平等发奖。这样，那个人下一次就会反省自己，融入团队中，与大家齐心合力，就不会再出现掉队现象。我当时就很佩服，真心觉得不断成长的公司果然有其与众不同之处。

当我在接待室和社长聊完，穿过事务所走向出口时，包括管理者在内有十多名工作人员全体起立一齐对我鞠躬说“谢谢您了”，这让我再次大为震惊和叹服。

已经是很久以前的事情了。据说，松下幸之助还健在的时候，受丰田自工当时的社长石田退三先生之邀去做演讲，回去时，丰田所有干部·管理者全体列队目送他离开，直到乘坐的车离开公司看不见为止。当时幸之助就感叹说“果然是丰田啊，礼数周到。与丰田相比，松下电器还差得远呢”。

教养这种东西如果上层·管理者不身体力行则很难在公司内部真正扎下根来。5S光靠苦口婆心劝说是没用的。据说日本电产的永守重信社长亲自带头每天一大早打扫厕所。更让人学也学不来的是徒手打扫。这才是厉害的地方，显然是一般的人做不到的。

受到顶层领导徒手打扫厕所的感染，5S 的精神一定会在公司内部牢牢生根。让公司变好需要一种执着的精神。这种精神不是零零散散的，而是大家抱成一团集体奋进做成一件事儿的决心。

（二）令人期待的管理者的存在

1. 管理者是 Playing Manager

据调查资料显示，在人才开发方面企业面临的课题中一半都是“管理职位的能力不足”，结果导致年轻员工无法快速成长。到 1990 年（平成 2 年）为止占据教育研修主流的企业内的分级别研修，到 1995 年（平成 7 年）左右开始出现退潮，逐渐减少了，只有少数的大中型企业还在实施。这些大中型企业的管理职位也是徒有其名，几乎都是 Playing Manager。然而他们的实际状态是 Player。管理者作为 Player 只埋头于创造业绩，Manager 的部分仅限于考核部下的业绩，根本没有时间指导下属。

上层领导不能意识到为企业培养人才是一件具有长远眼光、需要专业知识的工作的话，年轻员工就无法在职场上顺利地成长。所以组织机构就得不到改善。投资人才是一项对企业和其他组织来说既迫切又具发展眼光的投资。

2. 提供准确的信息

在新员工的入职仪式上，上层经常会这样训示，“现在大家都已变成社会人，虽有不安和困惑，希望大家能有不怕失败、勇于挑战的气概”“希望大家抓住时机，积极应对挑战”“维持现状就是停滞不前，请不惧失败奋勇前进”等。但是还没有接受过任何职业培训的新人该如何勇敢尝试才好呢？至少在让他们接受挑战之前，应认真叮嘱“我对大家寄予厚望，所以首先希望你们能扎扎实实地完成职前培训。掌握好业务知识，真正了解了公司以后，再制定出自己的挑战目标”。

虽然对他们说“抓住时机迎接挑战吧”，但是对现状还认识不清的人，就连挑战是什么都不知道，更不用说如何去抓住机会迎接挑战了。

人只有付诸行动才能为组织带来成果。行动之前需要判断，而且，做出判断需要收集信息。把新员工招进来的管理者的工作，首先是要为新员工提供能让他们做出准确判断的必要的信息。提供正确的信息，这是身为管理者的工作的开始。

3. 激励员工鼓足干劲

能否激发年轻员工的工作积极性，取决于管理者给予的刺激是否恰当。作为管理者能够组建一个充满干劲的团体，是应该得到高度评价的。这是比作为 Player 创造出业绩更重要的一项工作。

管理者是组织中的核心人物。这个角色决定了组织今后的命运。管理者就担负着如此重要的职责。

通过培训，员工的大脑能在一定程度上受到刺激，之后会由衷地发出“咦？”“的确如此！”的感叹，这是最重要的。与接受培训之前相比，大脑能更加灵活地思考，在工作上必定会不断涌现出灵感，想出好的创意。管理者的动机刺激的重要性就在于将员工的创意由内而外传递出来并转化成行动。

无论身处什么时代，企业在任何时候都必须注重积极坚持实行员工培训这一制度，给予下属刺激，驱动其内在动力，同时还可以提升团队的协作能力。管理者的能力就体现在能在职场内建立起一支充满工作积极性的团队。

4. 如何成为令人尊敬的管理者

组织力是什么？为了回答这一问题先要解决的是如何把普通人变成专业的人才。这需要依靠系统的教育才能实现。在这之后，通过调动员工积极性、凝聚组织能量，从而取得预期的成果。所有这些都是组织力。

都说拥有技术专家的组织是强大的，居于管理职位的人就是以培养人才为主要任务的专家。不论团队规模大小，为了成长为培养人才的专家，针对管理层的培训，成为时下的重要课题。

没有文化底蕴的管理者不可能得到年轻人的尊敬。因为不努力提高道德修养水平，端正品行，注意言谈举止的人，是不会被年轻人认可的。所以至少每天读书一小时，专注于发展兴趣爱好和提高自身修养，才能成为令人尊敬的对象。

（三）应该向德国中小企业学习的事情

1. 附加价值高的德国商品

近年来，在大型生产厂家，出现了恢复股长一职并将其培养成现场关键人物的尝试。不能如愿以偿地培养年轻人是因为现场的 OJT 机会减少了。德国的中小企业之所以强大是因为技能很好地得到传承，国家及整个产业界都很热衷技能训练。着眼于生产把人工费计入成本竞争的产品，致力于制造出拥有独特技术、技能的并且附加价值高的产品。

在这一点上，日本的中小生产厂家还相差甚远。在德新闻记者熊谷徹这样叙述德国的强大的（《日经商业》2012 年 5 月 21 日号，“经营新潮流　德国的新成长模式下”）。

> 德国的强大，其一是单位劳动成本的降低，另一大竞争优势是产品品质高。德国在劳动密集型并参与价格竞争的产品方面竞争力较弱，例如纤维制品、手机、电脑、家电产品等，敌不过人力成本低廉的东南亚、东欧国家。德国的强项在工作机械、特殊零部件等面向企业销售的 B to B 贸易（企业间交易）的产品方面。……德国有许多虽然名字不为消费者所知，但在特定的利基市场（Niche Market）领域能占据世界市场份额 60%~70%的中型企业非常多。这些企业可以被称为“隐形的冠军”。它们大部分都是家族企业，产品品质之高令外国企业难以企及。这样拥有忠实顾客群的企业，因其产品无法被其他产品取代，消费者会接受卖方提出的价格。因此这些隐形的冠军，不会面临陷入价格战的痛苦。

德国和日本一样人力成本高，德国将这一点转变为其高附加值产品，出口赚钱。这是成熟国家的做法，值得日本学习。

据 TETRO（日本贸易振兴机构）的“欧元趋势 2012. 5”报告中提到，因雷曼冲击，在经济陷入萧条的欧洲各国中，德国依靠向亚洲等新兴国家的出口，于 2010 年中期经济率先恢复。支撑德国出口、主导经济的不仅是大型企业，还有被称为“Mittelstand”的中小企业。这是因为优秀的理工科学生掌握技术后就抛弃大企业来到这些中小企业就职是非常普遍的。

在德国，从前有很多小的专业生产商根据从大厂家拿来的设计图，承包生产。因为欧盟范围扩大导致为了降低成本，许多工厂开始移到东欧，国内生产工厂不断被淘汰。结果是，在特定的专业领域中拥有独特技术的中小企业有许多存活了下来。

成功开拓日本市场的德国中小企业，许多都持有激光技术等日本制造厂商所不具备的独特的核心技术。日本也有很多中小企业都有自己独特的技术，特别是在开拓海外市场方面有着与德国共通的课题。

2. 强烈的团队意识和共享企业战略

在同一 JETRO 报告“欧元趋势 2012. 5”中有“学习德国中小企业的海外市场拓展案例”这一项，介绍了五家成功拓展海外市场的德国公司。它们分别是：①生产工厂留在国内，产品主攻国外市场，在职人员 134 人，生产汽车用的青铜轴承等的制造公司；②主要生产用于汽车工厂的机器人零部件，完全按照订单生产，以开发、技术革新力为武器创造业绩，从业人员 600 人（其中 300 人在海外）的产销一体的公司；③生产一般产业用、医疗用脚轮（caster）的隐形世界级生产商，顾客遍布全世界 100 多个国家和地区，从业人员达 969 人（其中 550 人在海外）的公司；④生产压缩机里流出的凝缩液的排放装置，全世界首次实现电子控制化的厂家，从业人员 375 人（其中三分之一在海外据点）；⑤领先于其他公司开发出 USB

(通用接口规格) 相机，确立了技术优势（是设置于工厂生产线上的一款产业用相机，使用 USB 线可以连接电脑）的公司，从业人员达 105 人。

报告指出，这些在国际市场上取得成功的德国中小企业，有的在国内的生产精益求精，有的兼用销售代理商和自己公司组建的销售渠道等，每家都有鲜明的特色。报告还指出了它们的共同特征：不忘关怀在职员工，在日常的良好配合中酝酿出团队意识，有效地防止了优秀人才的外流，把海外分公司纳入企业整体的战略之中。

有家进入日本市场的德国企业评价说“日本市场在全世界要求最高”，更直言“日本中小企业持有的技术与德国相比有过之而无不及。在企业资金和人才都有限的条件下，日本企业似乎应该在创建将产品销往海外的体制和重视海外市场的经营思维方面，向德国中小企业学习”。

3. 从统计数据看德国的优势

就日本和德国而言，从总务省统计局公布的人口金字塔来看非常相似，都是年轻人少。德国虽然因为出生率急剧上升使得人口正增长的年龄层比日本高 5~10 岁，但是老龄化问题也在不断地变得严峻。与人口老龄化问题同样严重的是适龄劳动人口的逐渐减少。所以从多寡的角度来看，在量的经济难以实现增长的情况下，将人才和技术转化为武器成为自己独特的优势就是实现真正意义上的质的提高。

日本的中小企业承接的基本是转包业务，不断被总承包商或者大企业要求削减成本，但是在品质管理、交货管理等方面却日益严苛，导致它们疲惫不堪。总的来说，中小企业中能够盈利的占三分之一，赤字的占三分之一，其他基本收支平衡。许多不能按时交税的企业，因为没能像德国企业那样调整经营结构而陷入了困境。

德国的优势还显著地体现在全年实际劳动时间（OECD 调查）上。日本的全年实际劳动时间虽然在 1990 年以后急剧减少，但在 2012 年仍然达到 1765 小时，而德国只有 1317 小时。按一天工作 8 小时算，日本全年约有 221 个工作日，而德国是 165 个，休息天数比日本多 56 天，将近两个月。

发达国家的“工作・生活・平衡”在不断推进，日本也把“生活和工作的协调”写入典章制度。2012 年（平成 24 年）10 月 18 日内阁的报告中有这样一段内容，“每一位国民都应在保持干劲、愉快地工作、完成工作任务的同时，还应该在家庭和地区生活中，在育儿期、中年时期等不同的人生阶段能够自主地选择并且过上丰富多彩的生活。”

“工作・生活・平衡”支援，在人才管理方面是不可缺少的部分。这个比较符合德国现状，从日本许多中小企业的劳动环境来看，还处于起步阶段，可以说还是个遥远的目标。为了尽快赶上德国，需要官学民团结一致，进一步增加劳动者的各种业务知识，提高其技术水平、技能，不仅制造业，流通・服务业也必须致力于实现附加值更高的工作。必须拿出果断舍弃附加值低的工作决心。

日本的中小企业从业人员应该以“不分性别和年龄，谁都能获得凭借工作热情和能力挑战多种多样工作方式和生活方式的机会”为目标。

具体地说，就是实现“①能够依靠就业实现经济自立的社会；②能够确保健康、充实生活的时间的社会；③能够选择多样的工作方式、生活方式的社会”。首先必须实现附加价值劳动，以便能像德国那样多休息 56 天。

另外，2012 年的人均 GDP（IMF 调查），日本是 46530 美元（居世界第 13 位），而德国是 42569 美元（第 19 位）。日本的人均 GDP 高出 9.3%。

但是，到 2013 年，情况激变。日本急剧滑落至 38491 美元（居世界第 24 位），德国是 45000 美元（第 18 位），比日本高出 16.9 个百分点。日本迅速下滑的原因是日元急剧贬值。因为日元贬值，日本经济 GDP 滑落至与意大利并列，所以部分人认为日本已经不再是经济大国和富强国家。

“工作 · 生活 · 平衡”是今后的重大课题。制造工厂留在日本，为了提高出口能力，获得强大的经济能力，对于国家、产业界、企业来说最重要的财富就是人才。

第二章

从日本式经营中学习领导力

一、日本式经营的理念

（一）日本式经营的三大神器

“终身雇佣制”（或者说“长期雇佣制”）“年功序列制”“企业工会制”并称为日本式经营的三大神器。

战后经济高速成长时期，年轻劳动力工作勤奋，所以三大神器特别是年功序列制非常契合这一时期。年轻劳动者工资待遇相对较低，受过良好的教育、整体素质好，企业充分地发挥了他们的作用。这些年轻人一旦回归家庭，也成为消费市场的主力，极大增强了市场活力。

从1970年（昭和45年）到1980年（昭和55年），日本式经营模式停滞不前，开始出现弊端。20世纪80年代中期，公司的员工年龄增加，升职加薪增加了企业的压力，尤其让中小企业陷入了生产成本不断提高的困境。

一个解决方案，就是组织的平行化。将组织平行化运行，从管理层级中削减管理者、监督者职位，而改用主管、主任、项目负责人等资格称呼。然而，这实际上是评价既有能力的职能资格制度，无法忽视员工之前积累起来的经验，所以导致不能有效解决削减成本的问题。

20世纪90年代初期泡沫经济破灭，以大企业为主开始引进成果主义和绩效主义，年功序列制开始崩溃。特别是对身居管理职位的中高层的裁员，淘汰了一大批IT能力滞后的无技术中年员工。

对于一点点积累经验、一步步掌握了职业能力的人们来说，这是悲惨的10年、15年。然而，进入2000年以后企业中又出现了矫枉过正的现象。

裁员使企业失去了很多继承了企业优良技术的专业人员，导致年轻职工无法及时在生产车间里提高职业技能。这种现象比比皆是。因为缺少擅长技术指导培训年轻员工的管理者，所以很多一般职位上的年轻员工得不到很好的OJT培训。

在终身雇佣制、年功序列制带来的高速成长时期，虽然不得不承认职场中到处存在着过剩的管理·监督人员和差不多同级别的中高阶层人员，但在这失去的10年、15年间进行的大裁员也使企业丧失了最宝贵的中高阶层人员。

(二) 日本式经营的原点在农耕文化

今后，日本育龄人口会加速减少。劳动力总量减少的情况下，为了国家的发展必须提高经营能力。有学者说经营是“艺术”。是不是艺术姑且不谈，但经营的确可以说是智慧的结晶。

为了集结智慧，企业就有必要重视每一位劳动者，让所有从业人员发挥团队协作的能力，经营者必须给予从业人员一定的刺激使他们能更好地出成果。我认为经营者的职责是鼓舞士气，充分发挥员工个人的主观能动性，将愿意为公司做贡献的员工团结起来组成一个团队，通过团队合作使业绩呈几何效应提高的态势。

成果主义，是以个人为单位而且是用一种短期的视角评价人。那会产生怎样的结果呢？引入成果主义获得成功的企业案例，几乎不曾听说，而失败案例倒是经常听到。

培养人才要有长远的眼光，从大局着眼，这一姿态特别重要。从小处着眼，顾名思义，只会从眼前的东西、必要的东西开始培训，OJT 就是个典型的例子。但是，培训者必须站在长期的、大局的立场上。人才不是那么简单就能养成的。教育投资的回本需要较长的时间。

经过培养的人，其主观能动性越高，就越能作为“人财”发挥作用。完成了从“人才”到“人财”的转变，也就成为能创造附加价值的人。

日本式经营的优点在于，能用长远的眼光去看待人和经营。其源流可以追溯到日本的农耕文化，农民长期用心地经营田地，习惯了辛辛苦苦地种植农作物，每年不断地改良土壤和品种。这和捕获完猎物就为了下一次捕猎而继续移动的狩猎民族的经营方式有着根本的不同。

农耕文化是创造物的文化，所以必须善待种植作物的土地。在自己拥有的一块土地上赌上身家性命，没有这样的心理，农耕文化是无从谈起的。拼命努力的精神就源于这种心理。在战后的经济高速成长期，很多人成为公司员工就是基于这一信念，是农耕文化的努力勤奋精神的延伸。

我认为在日本工作是幸福的。例如，即便是在 3K（“窄”“脏”“暗”三个字的日语发音的首字母都是 K。——译者注）职场中上班的人，开车 30 分钟或者跑步 1 个小时，都可以置身于美丽大自然中，拥抱生机盎然的绿色，还有一片迷人的红枫。而在其他发达的工业国家，又是怎样的呢?

日本是国土面积只占地球陆地面积0.3%的远东岛国，却是一个能给世界贡献5%（2012年）~8%（2007年）GDP的工业国家，一个制造大国。发达的工业、丰富的树木和随季节变换的美丽花朵，都成为支撑日本文化的根基。以丰富大自然的恩赐为背景而兴盛的日本文化创造出了日本式的经营。

(三) 日本文化的本质是“循环”

丽泽大学的松本健一教授说过，本来日本文化的本质就不是“扩大”而是“循环”。

松本教授在中日新闻的《互助精神　集合篇（上）》(2008年6月16日载）中，这样叙述了扎根于“泥土文化”农村社会的循环型社会的形成过程，明确指出了其与西欧文明的区别。

> 以畜牧为起源、总是追求开拓新疆域的是西欧文明。东亚的农耕文明“是在以种田为主的泥土中培养起来的”。在农村如果有一户不种田，田地里害虫就会繁殖，水都不会往下流。田圃是靠水相连，村落是由人、物还有“情谊”聚合起来的，大家相互扶持生存下去。由此孕育出的就是大家互帮互助的精神。

“泥土文化是在互助精神基础上建立起的‘不产生失败者的系统’。然而，日本以西欧文明为模范，花了很长的时间把自己建立起来的系统否定掉了。”松本教授这样批判了现代日本社会的现状。他还指出：“全球化过程中，频繁发动的争夺战争，导致产生了众多的失败者。这苦果让 21 世纪文明何去何从呢？互相帮助、可持续发展的泥土文明，蕴含了走出困境的启示。”

充分利用大自然的恩赐，顺应四季气温的变化，以爱护孩子的心对待在土地上种植水稻这一劳作，蕴含了日本文化的原型。这不变的自然的环境，是孕育日本历史文化的重要支柱。

战后日本的经济成长，是在积极地引入美国文化，如饥似渴地学习美国技术的基础上，依靠日本人本就具备的勤勉精神不断进行技术改良（品质管理、改善活动）而实现的。取代农村的城市、取代农业的工业，成为这个国家经济的主导。

其结果，东海道・山阳道地带创造出的都市文明作为国家的主要力量而饱受赞誉。日本的固有文明湮没在都市文明之中，导致休耕地激增，耕地荒废的问题日益严重。

现在这个世道，没有经济实力就不会富强。钱是实现物质丰盈的条件，却买不到精神上的幸福。日本人精神的富足，得依靠日本自然环境所创造出的四季不同的风土和在此基础上形成的日本文化而获得。

(四)“三方共赢”是经商之道

在中日新闻的《互助精神　集合篇》(2008 年 6 月 17 日载）里，刊登了原松下电器产业（现松下）的副社长平田雅彦的见解。引用虽然有点长，但在思考日本式经营上是份宝贵的资料，所以引用原文如下。

市场原理无处不在的现代社会无论好坏都会受到企业现状的影响。虽然当今社会经常宣扬盈利才是企业价值的全部，但自古日本的“商道”却有着切忌一人独赢，社会全体变富才能带来长期的繁荣的理念。近江商人曰：商之道就是“三方共赢”，即“卖方获利、买方获利、社会获利”。活跃在江户时代的近江商人，极其重视行商所到之处的人对自己信用的评价。不是简单的道德问题，正因为商业会给相应地区带来贡献，所以才会收获信任，这也是一种扩大销路的想法。这就是卖方、买方再加上“社会方”的“三方共赢”。日本的商人魂里原本就有CSR的思想。

江户时代的思想家石田梅岩（1685~1744）给世人留下了“己欲立而立人”的遗训。这与使供应商、消费者、社会都获利，商人自身的地位才会随之提高的“三方共赢”的理念是相通的。梅岩严重斥责不正当行为和违反伦理道德的行为。比如，一家接受了梅岩建议的经营和服布料的商号有这样的家训：“做生意双方协商价格是常有之事，如果在生意中得罪人就会失去常年苦心经营获得的老顾客，这是非常棘手的。这种行为就变成了欺压愚弄对方。应该谨慎行事，谨慎！”（部分摘录）其实讲的是，在价格交涉中，买家使卖家感到“可能会失去老客户”的危机而狠命压价的行为不是做生意而是“欺压”。这就像大型企业的转包欺压行为。“即使在短期内非常赢利，如果只考虑自身利益，缺乏互利共赢的理念，也很难实现长期的繁荣。”

机构改革和全球化是通过竞争促进产业保持持续活力的有力武器。但是推动竞争会招致更加激烈的竞争，胜者和败者、胜利阵营和失败阵营的差距会进一步扩大。这样贫富差距也会进一步扩大。

社会的竞争机制，毫无疑问地破坏了日本传统文化营造的宽松、静寂、恬淡、雅致、融洽、互助的精神氛围。它一味追求看得见的效果，否定那些看不见的配合与支持、私下里默默付出的辛苦和不为人知的努力。

停下来认真思考等需要花时间的慢工夫，总被追求效率的理念击败。只顾着追求短期成果，踏实稳重之类的被认为是没有效率的，而遭到摒弃。这样的竞争机制对日本人来说是幸还是不幸，现在已经到了必须认真思考这个问题的时候了。

江户时代，用现在的标准来衡量的话是没有效率、非生产性的时代。但却创造出了丰富的文化，浮世绘、泥金画、雕刻等艺术正是锁国时代诞生的日本智慧。

（五）江户时期商人的商业道德

1. 社会责任的理念

《向江户学习企业伦理　日本 CSR 的源流》（弦间明・小

林俊治监修，日本董事协会编著：生产性出版·2006 年 3 月）一书中指出，江户时期商人的商业道德目前正被部分经济领域的实业家重新认识，还列举了前面刚提到的近江商人的著名的“三方共赢”（卖方获利、买方获利、社会获利）经营理念。这个精神正好能够和企业的社会责任（CSR）这一现代课题关联起来，重新评价。

近江商人，“主要贩卖制成品和近江的特产，作为外出经商之人，他们离开故乡，到陌生的地方开拓市场，很快就在那里设立了店铺，用今天的话讲就是开展网络式的经营。在异乡要想取得商业成功不可缺少的就是要诚实守信，经商不能不择手段、重利轻义、反复无常（在行市交易中，觉得卖得太便宜了而后悔），应该秉承正直、守信、勤勉专一（一心一意经商）、有始有终、积德行善（背后做善事）等观念。这些也就是后来被总结成‘三方共赢’的理念。这些经营理念在讨论企业的社会责任、社会贡献、环境责任等现代问题时都是极富启示意义的，重新得到了肯定”。

2. 商人的道德观

该书还介绍了“从家训、家规中看商人的道德”。这里节选其中意味深长的内容。

我从江户前期的博多豪商岛井宗室的“宗室遗训 17 条”中，选取了可以称得上是经商基本原则的几条。(图 2–1)

不愧是商人家训的原型，这些道德精神和伦理价值观在现代也非常适用。如果现代的经营者、管理者遵守这些原则，就不会出现违法乱纪的事了。

人的私欲是无止境的。财富积累得越多和权力越大，私欲也就越强。那是因为身边没有能抑制自己的人，才导致自我膨胀。

第 1 条　正直诚实、为人友善、尊重他人、不许撒谎。
第 3 条　严禁沉溺于赌博。40 岁前不得习围棋、将棋、谣曲、舞蹈等。
第 4 条　40 岁之前不可奢侈浪费。做买卖绝不认输、盈利第一。
第 5 条　慎夜间之宴席。
第 6 条　不可贪恋他人之物。
第 8 条　无事禁止外出。年初、年末寒暄足矣。
第 13 条　有钱时切不可大意。盈利时更要积累财富。
第 14 条　紧急之事立即处理。今日事今日毕。
第 15 条　毕生都要认真锻炼身体。商人要能徒步三五里路。
第 16 条　遇挑衅找碴，也勿与人争吵，即使被说是懦夫、胆小鬼。
第 17 条　家庭和睦，夫妻互相体谅，同心努力经营。夫妻不和，则诸事不顺、家财散尽。

图 2–1　“宗室遗训 17 条”摘录

人，随着地位提升，就更需要强有力的自制力，但这不是一件易事。如果在现代企业家中找这样的代表，首先想到的就是京瓷的创始人稻盛和夫。稻盛先生，终其一生都在不断提升自我修养，可以说是最能代表日本、日本人的一位经营者。关于稻盛先生我会在后面第四章专门叙述。

上述的“宗室遗训 17 条”里的“40 岁之前不可奢侈浪费”放在今天应该定位在“60 岁之前”。毕生勤勉经商、尝遍生活的辛酸与苦难的人，即便是到了 60 岁也不会忽然醉心玩乐、花钱如流水、自取灭亡吧。

“慎夜间之宴席”，也是极为苛刻的家规。宴席，是设宴聚会的酒席，在生意往来中是必要的。遗训中对此有无限制就不得而知了。“无事禁止外出。年初、年末寒暄足矣”，作为商人也是不自由的。与周围人的交往、各个商家之间的往来都是必要的。过于压制这种往来会适得其反，同样不好。我认为遗训并不是必须遵守的条规，将其作为一种教诲就好了。

第 13 条的“有钱时切不可大意”，这是正确的。这一原则对于现在的经营者也是有借鉴意义的，也能很好适用于当下。

宗室遗训据说是写于 1610 年（庆长 15 年）前后，那时商人的家训在今天看来也相当具有普遍意义。

“紧急之事立即处理。今日事今日毕”，这一条，不仅对商人，对职场中的每个人来说也是全部通用。同样，“夫妻和睦”也很适合当下的情况！

7-11 在挑选加盟商时列出的最重要条件就是“夫妻关系融洽”。生意的原点在夫妻、家人。如果夫妻不能齐心合力一致待客，那顾客就无法获得满足。如果夫妻反目，客人就慢慢不来光顾了。

如果夫妻关系融洽，即使生意陷入困境，也会产生巨大的能量坚持下去。曾经毫无关系的两人结成夫妻，变成最亲近、最可信赖的合作伙伴，只要两人齐心协力就能攻克大部分难关。而夫妻关系不融洽的后果，在生意顺利时可能会因隐匿而被忽视，一旦生意不顺，问题就肯定会一下子全部暴露出来。

3. 经营的本质

该书还列举了三井家的始祖三井高利的遗训，对生意买卖、经营管理都非常具有参考价值，也选取总结为图 2-2。

- ❖ 一根树枝易折，许多树枝捆在一处则难断，汝等必须和睦相处，巩固家运。
- ❖ 严禁奢侈，厉行节约。
- ❖ 名将之下无弱兵，必须重视启用贤能的人，应该避免部属有牢骚和怨言。
- ❖ 家族的少主，在一定时期应和店员一样对待，在掌柜和大伙手下做苦工，绝不能享受主人的待遇。
- ❖ 要有做生意不会是一帆风顺的心理准备和买卖不一定能成功的觉悟。

图 2-2　三井高利的遗训

高利的遗训，已经超越了商人家训的范围，论述了企业经营管理的基本原则。在江户时代的文禄年间，就能留下至今也通用的教诲，这或许是三井财阀持续不倒的原因吧。

“名将之下无弱兵”，不光是商人，军队、企业也同样适用。领导的管理方式决定组织的命运，这叫“鱼从头上腐”。在任何时代搞垮企业的都是位居顶层的经营者。优质企业从来不缺名将。

日本式经营的本质就是要让店铺世世代代存续下去，所以就必须近乎执拗地坚守那些不可轻易改变的基本原则。为了保障长期雇佣、维持职场秩序，就需要上对下做好模范带头作用。

下属如果不认可领导者的所作所为，也不规范自身行为的话，那这个商家是不会长久存续下去的。经营管理是活的东西。正因为是活的，所以才有企业不知道什么时候会倒闭的危险。因此，领导必须抱有危机感、严阵以待。就像松下幸之助在 NHK 的采访中曾说过，“社长的工作就是整日担忧”。具体工作可以交代给下面的人做，但自己需在后方一边支援一边担心。24 小时，一天到晚不断担忧就是社长的工作。

适者生存，就意味着企业必须成为被社会所需要的存在。社会如果判断企业是对社会有益的，那这家企业就不会倒闭破产。

企业要想获得社会的认可，就必须为社会做出相应的贡献。企业既然为社会做出了贡献，社会必定会让它继续存续发展。企业赤字亏损，是因为对社会的贡献不足。“世间自有公断”“消费者总是正确的”“顾客总是正确的”，不立足于这样的前提，企业的生存终将岌岌可危。

CS（Customer Satisfaction：顾客满意），就是企业方在品质、价格、交货期限及其他附加的服务方面，提供达到或超过顾客期望的产品。为此必须充分调动、发挥企业经营管理上的一切综合力量。企业给社会做出多大的贡献，就会获得多大的收益。

企业能不能生存发展下去，不是由企业的主观愿望决定的，而是由顾客的判断决定的。因为无论企业经营者想要企业存活下去的愿望有多强烈，如果顾客，广义地讲社会，不赞同、不认可的话，企业势必无法生存下去。所以，无论发生什么事，企业自上而下的全体从业人员必须为顾客和由顾客组成的社会去工作，这一点非常重要。另外，无论何时、处于怎样的状况，企业都要永远成为被社会所需要的存在。

二、日本模式和美国模式的区别

（一）经济诱因和精神诱因

为了实现企业目标，所有员工的积极配合、勤奋工作是必不可少的。这就需要外部刺激，即诱因。诱因分经济方面的和精神方面的。该偏重哪一个，这是由企业的实际状况和员工的需求层次来决定的。

一般认为，日本企业精神诱因比重较高，美国企业经济诱因比重较高。因为工资报酬的刺激是激发员工积极性的直接有效手段。

如果员工把工资报酬看成是激发动力的最大要素，那围绕个人收入会经常与企业对立。员工的主要追求是劳动报酬最大化，就绝不允许工资出现丝毫的差别。在同工同酬的薪酬制度下，根据考核结果，如果不同员工收入出现了差别，收入多的当然没有问题，收入少的应该会觉得不公平、不满意，哪怕是一点点的差距都无法容忍。

职务薪酬制下的能力评价，无论怎么追求公正公平，评价者和被评价者之间都必会产生隔阂。无论有多完善的评价基准和规则，都会因为评价者和被评价者所站立场的不同导致理解上的差异。能力考核更加困难。宽松容易被接受，苛刻则不被接纳。这就是人的私欲。归根结底，人客观公正地评价他人是极有难度的。

于是，根据工作的难易程度设定绩效，出色完成难度高的工作，根据评定的绩效等级支付额外增加的工资。美国已经普及了把工资报酬与工作绩效挂钩的职务薪酬制度，统一根据工作绩效来进行考核评价。即便如此有时还会出现罢工，因为根本不可能存在让所有人都完全满意的人事评价制度。

在日本，不是把人与工作挂钩，而是将工作与人挂钩的企业构造是主流。因此，日本企业一直以来非常重视人的自身能力。认为人掌握的基本知识、技术能力是由入职前的学历决定的，这种看法强烈滋生了只看重学历的学历主义。进入公司之后，工作实际中的经验积累逐渐受到重视，业务熟练能力和员工的基本素质能力成为评价其能力的主轴。

（二）动机管理的差异

与美国普遍通过薪酬进行动机管理不同，日本把重点放在以提高员工自身能力为目的的动机管理上。美国使用经济刺激的手段来激发从业人员的工作积极性，与之相对，日本则通过刺激员工的精神需求来激发其工作积极性。

为了研究美国和日本两国企业的动机管理的方式为何不同，本书特引用楠田丘编著的《日本型成果主义》（生产性出版·2002 年）中的“第一章第 21 页、第 30~31 页的图”，来考察美国模式和日本模式的各自特征及其优缺点。（图 2-3~图 2-7）

个人

- 自己决定职业目标，进行教育投资
- 在大学就定好将来的职业目标，并选择相应的专业
→就业是实现个人职业目标的手段
- 与公司相比，将个人的职业实现放在首位
→研究生教育在个人的职业实现中起到重要的作用
（管理者、经营者的半数都是研究生）

企业

- 根据企业的经营目标和经营战略去构建组织结构、职务体系，根据需要新设、削减、废除职务
- 聘用时，根据职位录用、配置人员，需要完成职务说明书规定的工作内容
- 按照职务内容，明确工作中的责任和权力
- 不同工种之间没有流动，只在单一职能内实现职场升级
- 晋升速度比日本快约10年
- 各职务的收入水平，受外部劳动市场行情的影响很大

图 2-3 美国模式的特征

个人

- 多数人的职业实现依赖于公司
- 在大学学习的专业并不能直接实现职业目标
- 就业时，业界、公司的选择对职业发展来说很重要

企业

- 组织结构和业务内容虽然也是由经营目标和战略决定的，但不把工作具体细分到不同职务上，而是根据从业人员的能力来分配工作
- 录用后，所属部门会根据个人能力分配工作
- 人事权力集中在人事部门，管理者的人事权和责任较弱
- 先成为各部门部长积累经验，然后再晋升为董事
- 终身雇佣、经验主义，晋升速度慢
- 除初次任职薪酬外，之后受外部劳动市场行情的影响小

图 2-4 日本模式的特征

美国模式	日本模式
①多民族，存在不同文化和语言	①单一文化
②个人主义观念强	②集体主义意识强烈
③崇尚契约精神	③默契社会、契约观念尚待养成
④外部劳动市场发达，可以通过跳槽来实现职业目标	④能力、地位引起的收入落差小（社长工资是新员工的 12 倍左右）
⑤具备随意流动的条件，可以随时搬家前往其他地区，房屋、土地容易买卖	⑤产业间的劳动力流动困难

图 2-5　两种模式的差异

优　点	缺　点
①职务权责明确导致成果主义渗透	①职务内容的变化和应对耗费大量时间和成本
②管理者拥有人事权，用实力主义、成果主义管理工作	②受职务的制约导致工作中缺乏灵活变通，新产生的工作需要管理者重新分配
③根据能力、成果的不同，容易决定薪酬差别	③个人的职业选择在先，企业不能自由配置、调动员工
④通过解雇能轻易淘汰能力差、绩效低的员工，能灵活应对经济变动、环境变化	④考核结果需要全部的工作反馈导致管理者负担重

图 2-6　美国模式在企业中表现出的优缺点

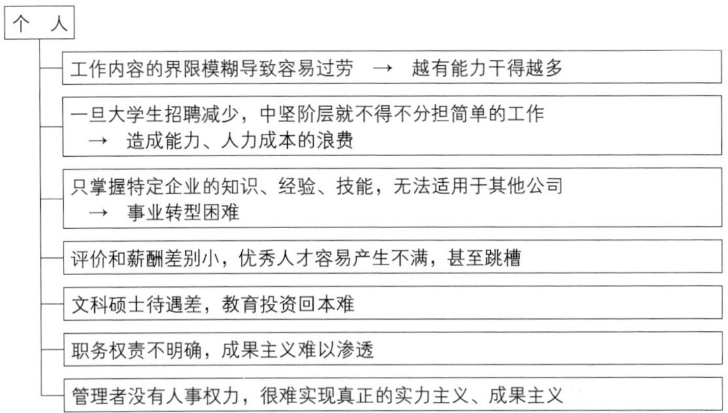

图 2-7 日本模式下从业人员个人的不足

日、美在人事上的区别在于，美国实行职务主义，日本是能力主义。在职务绩效全看个人的美国，根据工作完成情况和承担的责任来进行考核。美国模式中的职务主义，将职务内容标准化，事先制定出职务评价体系，并据此明确职务薪酬，从而激发员工的工作积极性。

日本模式下的能力主义，不明确职务内容，首先明确员工需要掌握的能力，以此为基准制定人才的培养、聘用、评价、薪酬体系。不是看重职务而是人才，不是以工作为中心而是以人为中心。

（三）马斯洛的人类需求五层次理论

接下来，通过马斯洛的人类需求五层次理论的各层次相对应的企业管理措施来考察动机管理。（图 2-8）

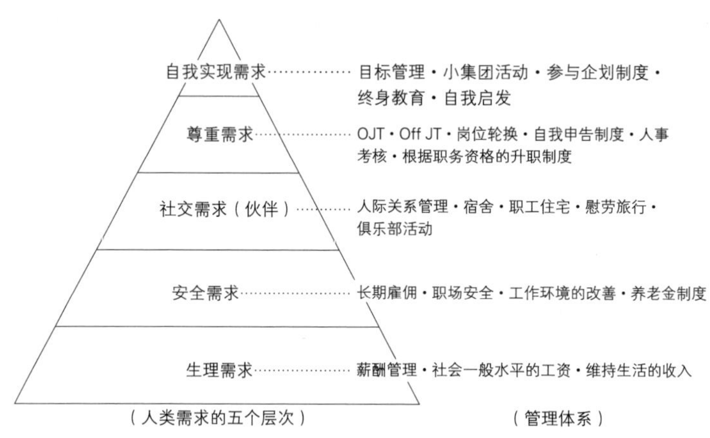

图 2-8 马斯洛的人类需求和管理体系

1.“物质需求”需要雇佣对策

一般来说，最下面的“生理需求”和再上一层的“安全需求”这两个属于物质需求，“社交需求（伙伴）”及以上都属于精神需求。美国是人适应职务的人事系统，所以工作的难易度不一样，薪酬不同。要想取得高收入，就必须挑战难度高的职务，并要保证完成该职务相应的职责，无法完成则会被淘汰。员工一直处于受管理者监督、考核的状态。

与薪酬待遇和雇佣保障在员工激励中起到重要作用的美国相比，日本注重提高员工的业务能力，着眼于根据员工自身能力实现人才培养。充实完善的社内培训体系，对企业来说是巨额成本，但我们一般不称之为成本而将其看成一种投资。

对许多中型、大型企业来说，确保员工能够获得维持生计的年薪、雇佣保障、职场安全、稳定的职场环境，都是留下优秀人才的必要的保障措施。所以这些还不能成为企业对员工进行动机激励的手段，只是一种雇佣机制，是企业应该承担的最低限度的义务。

在日本，企业规模越大雇佣的员工越多，动机管理方面就越倾向于满足员工高层次的需求。

2.“尊重需求”需要教育投资

“尊重需求”，是员工①“想提升自身能力”②“希望获得正当的尊重、认可”的有关自尊心方面的需求。企业为了满足员工的这种需求，以长期雇佣为前提从员工入社以后就持续对其进行教育投资。教育投资，对企业来说才是最有切实回报的一种投资。因为对员工足够重视，员工才会有意识或无意识地拼命工作来报答企业的知遇之恩。

另外，企业还通过岗位轮换制度对员工实施定期的职务调动，让员工可以体验不同的岗位。这不但能在广度上拓展员工的能力，还能直接提高其自身能力。中小企业，虽然没有职务的横向拓展，但会强化员工在所属领域内的专业技能，让员工成为某方面的技术专家从而为企业做贡献。

在职能资格制度下，正确地评价员工大多从以下三方面入手：工作绩效、能力考核、态度评价，不是绝对地只看工作绩效（成果），而是将三者综合起来加以评价。因为在绩效考核方面，上司、营业部门、企划开发部门的负责人拥有很大的权力。

成为企业管理层的话，工作态度自是不在话下，这一点就不成为考核对象；还有能力考核（自身能力），肯定是很高才会在上一年度被高度评价而获得现在的职位，所以也无须再评。因此，成绩、成果（能力的发挥效果）就成为评价的对象。其内容不但包括工作业绩，还包括领导力的发挥程度和人才培养方面的成果等。

监督层，日本中小企业的大部分监督者都是有实际工作业务的 Playing Manager，他们首先都将满腔热情放在提高自身业绩上。如果是专门的管理层，则会被考核整个室、科、部门的业绩，所以自然而然会评价其领导力的发挥程度、动机管理的成效。如何激励下属员工成为管理层的考核内容。

3.“自我实现需求”需要让员工鼓足干劲

“自我实现需求”中，个人希望能最大限度发挥自己的能力，追求实现工作的价值和意义，进而感受人生的价值。这是人类最高层次的需求，对此，企业能做什么呢？

为了提高员工工作积极性，企业从以前就实行职务多样化（Job Enrichment）策略。追求自我成长的人总是高度关注自身的需求、自我实现的需求。他们应该更希望摆脱单调的工作，从事有成长感、充实感、成就感的工作，对能够自主决定、自己负责的工作更能感受到工作价值。

图 2-9 举例说明人类的需求侧面和企业提供的职务多样化的对应关系。

人类需求	职务多样化
脱离单调感	多能工制度、单元生产方式
成长感	OJT、Off JT、岗位轮换、职业规划
充实感	组织项目组、FA 制度
成就感	目标管理、成果主义
自主性	QC 活动、提案制度、自我启发
责任感	权限委任的扩大，晋升、晋级

图 2-9 人类需求和职务多样化

（四）日本式经营的未来在于谋求质的扩充

日本式经营将重心放在事业和组织，所以对从业人员非常关怀，这与美国显著不同。但是，因为长时期的通货紧缩，很多制造业巨头加速脱离日本，留在日本的中小企业越发疲惫不堪。曾经人工费世界最高的日本的劳动所得也大幅减少，经济陷入持续低迷的状况。从 1995 年（平成 7 年）以后到安倍政权诞生之前的这段时间被称为“失去的 10 年、20 年”。今后，政治主导能否克服通货紧缩，备受瞩目。

以人为本的经营模式虽然极力强调实行职务多样化，但现状是很多年轻劳动者成为派遣员工、兼职人员，向这些人追问满足高层次的需求的企业的施行策略是什么，只会让人嘲笑。甚至可能招致这样的反驳，即首先应该有能安稳度日的收入和雇佣保障等低层次的需求。

实际上，业绩上没有突破的大中型企业也在控制加薪甚至取消奖金，所以从业人员的需求已经降到了较低层次。特别是在失去国际竞争力的产业，只挣扎于追求生理需求、安全需求的从业人员已经达到一个惊人的数字了。职业多样化已经成为极其遥远的话题了。

现实状况下的日本企业，以人为本的经营还能不能贯彻下去，已经变得极为严峻了。长时间的日元升值、通货紧缩已逼得日本式经营不得不落下帷幕，日本企业已被逼入了死胡同，这样说也是不为过的。现在人们迫切想知道的是，从那闭塞感中解脱出来的日子何时会来。

通货紧缩时代的后半期日本政权每年更迭。因日元升值、雷曼事件、“3・11”东日本大地震等日本企业风雨飘摇之时，本应由政治强有力地拉动经济，可是没有领导能力的日本政权并未能明确地向企业、向劳动者伸出救援之手。安倍政权的以实现通货膨胀为目的的经济政策，至少让我们看到了一丝希望。持续低迷的股市出现了上涨的迹象。奥林匹克运动会在东京召开的消息更是给经济带来了光明前景。

但是，今天的日本已经不能从单纯的视角去看待问题。接下来，日本将面临严峻的人口老龄化问题，同时，15 岁以下的儿童人口却在继续减少。在这样一个成熟发达的国家，未来趋势已经无法预测。儿童数量、劳动力数量不断增长的人口成长期已经过去，市场的发展已经完成了量的扩充，进入了谋求质的提高的时代。企业必须拿出质的差别、质的特色，已经到了靠人的能力定胜负的时代了。

三、经营之圣和日本式经营

（一）日本式经营的本质

近年来，由于全球化的不断发展，企业一旦陷入不景气就用结构调整的名义裁员，通过调整膨胀的组织机构达到打造扁平化组织的效果。同时，自然削减了企业成本中占比最大的人力费用，以此谋求改善收益状况。

日本式经营，不会轻易地解雇员工，不会简单地通过裁员来降低成本，会遵守雇佣规则，凝聚大家的智慧选择通过其他途径达到目的。在试遍所有方法仍毫无起色的时候才会着手重新安排员工和岗位的整顿。

（二）松下幸之助在昭和大恐慌时期展现的领导力

1. 满仓库的商品

在 1929 年（昭和 4 年）的昭和大恐慌之际，松下电器采取的对策，表现出的就是典型的日本式经营。或许那是只有 300 名员工的中小企业才能做到的。松下先生在面对困难时，做出了用一般思维方式难以想到的判断。领导层的工作，就是决断。在这件事上，他从来没有乱过阵脚。

1923 年（大正 12 年），当时能够成功开拓热销品——炮弹型自行车灯的市场，就是从松下先生的一个决定开始的。为了获得大众对产品质量的认可，他将商品无偿地供给各自行车零售店。1927 年（昭和 2 年）在将角形车灯推向市场时，也是按照松下先生的方法，采取了向市场免费提供 1 万个角形灯的宣传策略。这一商品第一次使用“National”这一商标。

虽不至于离经叛道，但经营就是要不断迎接挑战。管理者不仅要能预见变化，还要及时做出决断采取行动。

我认为，正是松下先生在当时做出了常人难以企及的出色的决断，松下电器才能在 1929 年（昭和 4 年）的昭和大恐慌背景下为其后的大发展打下坚实的基础。那一年的上半年经济形势是良好的。除了将松下电器器具制作所更名为松下电器制作所，5 月在大关町兴建完成第二个新的总部工厂、成立松和电器（股份公司）、设立福冈办事处、第六工厂（东淀川区）的一期工程完工、第五工厂（东淀川区）开业、东京分工厂开业、名古屋分店开业，企业顺利地不断扩大规模。3 月制定了纲领和信条，向员工展示了松下电器的精神面貌。

新产品也不断开发上市的这样一帆风顺的势头，一直持续到了 1929 年（昭和 4 年）夏天，公司发展成为拥有 300 名员工的中型企业。历经 10 年，松下电器从一开始的三人发展到员工人数增加 100 倍的规模。

然而，也是在那一年的 12 月，松下电器的产品大量积压。整个社会也是一片萧条。破产、工厂关门的事情接二连三发生，到处都是失业者。与今天不同的是，当时社会保障还不完善，所以可以想见状况有多惨烈。

2. 幸之助的决断

松下电器遭遇了有史以来的最大危机。当时，一方面幸之助因感冒严重卧病在床，另一方面公司已经到了销售额减半，不得不尽快采取措施的地步了。幸之助的病床边，频繁传来的全都是不好的消息。如此状况下，幸之助再也无法安心卧床养病，必须分析信息、做出决策。

当时所有人都认为解除困境的方法只有将生产减半、员工减半。除此之外，没有人能够拿出从根本上脱离困境的方案。幸之助的身边又来了一位叫井植岁男的干部，想要逼迫幸之助做出上述决定。

可是幸之助的决定是，下达了以人为本的命令。当时可不是像今天这般重视员工的时代，连工会都还没有，专制管理也是理所当然的，是企业家、资本家占绝对优势的时代。

“松下如果今天就要结束的话，那可以解雇员工。但是，我还打算将来把松下电器做得更大。所以，绝不允许解雇员工，哪怕一个人。公司如果只根据自己的状况随意录用、解雇员工，会让工作的员工不安。要做大做强的松下无法容忍人心动摇。还是靠大家的力量来渡过难关”，幸之助对两名干部如此说道。当时公司有现场的技术工人和负责销售的店员两类员工。干部们的提案是将工人裁掉一半。

虽然在当时这也是迫不得已的提案，但幸之助没有同意这么做。在全社会都因经济不景气陷入黯淡低迷之时，幸之助这样教导两位干部：“不能让员工不安。如果员工失去信心，那公司的未来也就不存在了，做大做强也更不可能。”最终，一名工人也没解雇，而是改成半天上班半天休息，工资全额照发。另外，规定店员没有休息时间，连周日也要上班。总之是要想尽办法把产品卖出去。

这个决定带给公司和员工极大的鼓舞和勇气，“真不愧是老大！大家同心协力、努力奋斗吧！”瞬间，笼罩在公司内部的乌云烟消云散。幸之助的决断，让大家看到了光明。松下电器通过消除员工的不安情绪而能够看到明天。

两个月过去了，社会还处于严重萧条状态，令人惊讶的是，松下电器的库存商品被清空，应该说是商品销售一空。公司每一个人的齐心努力创造了奇迹，可以说能凝聚职场能量的企业是伟大的。

3. 激活员工的潜在能力

我们凭借自身的认知能力和具备的实力去决胜负，是可以大致判断出能取得怎样的成绩的。成功的关键在于如何将隐藏的能力和还未意识到的实力激发出来并使它发挥作用。这个潜在能力比实际能力更有异乎寻常的巨大能量。

或许正是因为幸之助在金融大恐慌时期做出的不同寻常的决断，将店员的潜在能力一下子全部激发出来了吧。切身感受到危机带来的萧条的同时，他们也一定有了一种神圣的使命感。每一位员工都为幸之助的决断而不顾一切地努力奋斗。

“通过这样的经历，员工第一次被注入了社魂——松下精神，那就是，直面困难、志向不改、坚持到底就能迸发出巨大的能量。从那之后松下电器的发展可谓顺风顺水，迎来一片繁荣的景象。当初面对困难如果轻易地选择了解雇员工的方法，恐怕松下电器不可能有今日的成功吧”，幸之助如此说道。“注入社魂”意味着幸之助的精神化身诞生了。300 名幸之助化身的诞生，成为促使松下电器迅速发展的原动力。

正确的决断，会改变企业的命运。虽然幸之助常说，“遇到困难的时候，正是积累新的经验的时候，全体员工如果团结一致，什么事都可以做到”，但是企业得以不断发展正是因为有他的果敢与睿智。因为改变企业命运的往往是领导者的决策。

企业原本只能通过生产减半、员工减半才能勉强渡过严重危机，幸之助却凭借其智慧做出了艰难的选择。他的选择激发了团队中隐藏的不为人知的潜在能力，这种力量不断外化，最终使企业转危为安，不断发展。

经营者幸之助的卓越之处在于不断给予员工“梦想”。在给员工描绘蓝图之前，必须先在自己内心深处不断勾画出光明的前景。只有这样，才能让员工感觉到幸福与骄傲，进而给他们使命感并使其潜在能力不断地被激发出来。

（三）热海会谈时幸之助的眼泪

1. 销售公司的不满

下面我再举一个例子来说明“越是深陷危机，转变思维方式就越重要”。这也是一种非常典型的日本式经营的解决方法。

1963年（昭和38年）至1964年（昭和39年），整个日本遭遇经济不景气。不仅是松下电器产业，以白色家电（箱式电器：电冰箱、洗衣机、电饭煲等）为中心的整个家电业都面临着巨大挑战。其实这正是从持续飞跃发展的成长期的顶点迈入成熟期的时候。

接下来参考针木康雄所著《危机管理之神松下幸之助》（讲谈社·1985年11月），试着去了解“热海会谈”时幸之助如何转变思维方式的。

1964年（昭和39年）7月9日傍晚，幸之助召集松下电器的全国营业部长，各销售公司、代理公司总经理共270人聚在热海新富士屋饭店。幸之助在简单的寒暄之后，给所有的销售公司总经理发了张写有幸之助执笔的“共存共荣”的彩纸。

热海会谈是在松下电器的销售网络遭遇有史以来最严重的危机的形势下进行的。当时的状况是：有的代理商倒闭破产，有的货款无法收回，赊销债务都已超出了警戒线。幸之助抱着解决问题的殷切希望召开了这次会议，没想到销售公司却不断提出各种不满和要求。对此，幸之助没有认同销售公司提出的因过分协助松下电器而让公司陷入赤字的说法，驳斥道，“导致经营不断恶化的基本原因难道不是你们忘记自己的责任，在销售中缺乏自主性吗”。

幸之助甚至对一个销售公司的人说：“你有过小便带血的经历吗？以前就听说人在极度忧思、痛苦过后就会尿出带血的小便，我已经有过好几次这种经历了。”为期三天的会谈到了最后一天，销售公司的总经理们仍是抱怨不断。

幸之助认为销售公司经营恶化的根本原因在于销售方缺乏自主性的这一说法不但未被接受，反而让松下总公司成为众矢之的，会场局面一时难以控制。

2. 转换思维方式，以情动人

当会场骚动到达顶点之时，幸之助又找到了发言的机会。这一次他的发言内容完全颠覆了先前的说法，提出“一切原因，皆在松下”。

“包括我在内的松下电器的骄傲自满才是这次经营恶化的真正原因。”“我们正在慢慢忘记长时期以来受到的各位的关照。深感我们该重拾起松下创业时代的精神了。”说到这里，幸之助竟哽咽，掏出手帕拭去眼泪。会场气氛瞬间转变，与会人员都对幸之助肃然起敬。

30年前，幸之助曾把品质绝对算不上好的灯泡拿去给销售店，并恳求他们“请把它变为同类产品中的佼佼者”。“有了那次销售的成功才有了松下电器的巨大发展，才有了今天。我们忘了曾经的恩情。”幸之助这样说道，并立誓怀抱感恩之心，重新改革一切，包括松下电器和销售公司的贸易条件，深刻认识到销售公司今天的困境是由松下电器缺乏信念和考虑不周导致的。

思维方式的转换是出于幸之助自身的策略，还是出于对现场情况的判断，我们不得而知。但是会场持续争吵的对立方瞬间就冰释前嫌了，松下电器和销售公司负责人都满含热泪地做出承诺。我不知道这是不是能靠策略就可以解决的。洞察力应该是超越了策略的层次，它是由人的睿智产生的，也正是因为如此才能打动他人。

1929 年（昭和 4 年）的决断非常出色，这次的做法也是非常有成效的日本式方法。如果非要坚持合理性的讨论，那么裂痕就会越来越深。

从力的关系来看，松下电器完全可以强压代理商。但是如果那样做势必留下怨恨。特别是金钱方面的怨恨一辈子也不会忘掉。正因为如此，幸之助才及时地转变了思维方式。从一开始坚持说理的会谈，不，是争吵不休的会谈，喧嚣混乱时，幸之助一下子转变立场，采取感性的方法，直扣人心，瞬间漂亮地扭转了局势。胸怀不够宽广是无法办到的。

日本式经营的真谛，不是一味谈钱而是讲究诉诸“心”，在情感上引起共鸣，遇到再大的困难也能迎刃而解。1929 年(昭和 4 年）的昭和大恐慌时，正是触动了全体员工的心弦，才让公司起死回生。1964 年（昭和 39 年）家电业萧条之时，正是打动了销售经理们的心弦，才解除了他们心底的不满，振奋了他们的士气。事实证明，这是非常有效的方法。

（四）与日本式经营诀别

1. 创始人的名字从社名中消失

时过境迁，进入 2000 年（平成 12 年）以后，松下电器也发生了翻天覆地的变化。

业绩陷入亏损的松下电器于 2001 年（平成 13 年）7 月，

开始转变经营方向，征集希望提前退休的人员。实施这一计划的有松下电器、松下通信工业、松下电子部件等五家公司的8万人。连续工作10年以上、58岁以下的员工如果提前退休可以额外补偿“特别生活计划支援金”。50岁的工会人员，补偿金支付额度按退休时基准工资计算，付给40个月的工资；同年龄层次的非工会人员，将年收入按月平均计算，最多支付50个月工资，招募期限为2001年9月1日到2002年1月末（日本经济新闻·2001年9月15日载）。提前退休的补偿金算是相当丰厚的。

2001年（平成13年）10月23日，日本经济新闻报道的松下电器的主要裁员计划中有关人事、组织方面的内容如下：①征集提前退休人员（2001年9月~2002年1月）；②调配集团员工1.3万人（三年计划）。据2002年2月22日该报纸的报导，预计2002年3月份松下的最终决算赤字会上升到4380亿日元，形势非常严峻。有1.3万人申请了提前退休。

松下终于诀别了以终身雇佣、长期雇佣为特征的根深蒂固的日本式经营，之后实现了V字型的业绩恢复。这个V字型复兴，使得当时的中村邦夫社长一举成为备受瞩目的经营者。同时，公司更改社名为“Panasonic”，那个伟大的创业家的名字从公司名称中消失了。

2. 破坏与创造

2000年（平成12年）6月就任社长的中村邦夫立志对企业经营进行彻底改革，开始实施了“破坏与创造”计划。幸之助去世后企业经历了重大经营失败，收购美国电影公司MCA的失败，National Lease事件导致巨额（5000亿日元）亏损，为了使松下电器走出经营危机，中村邦夫下决心果断对沉重、迟缓、僵直的企业经营模式进行改革。

松下电器在员工只有300人的昭和大恐慌时坚守住了雇佣不裁员。可是当成长为30万人的大公司时，却要裁掉近一成员工。日本式经营支柱之一的终身雇佣制，终于在代表日本的龙头家电企业中走向崩溃了。

随着“世界工厂”从日本转向中国，曾经以家电王国著称的松下电器，不得不对其产品结构进行改革。因为改革停滞不前，可以说在2000年（平成12年）中村邦夫就任社长前这一问题没有得到根本的解决。

松下电器存在数量众多的产品事业部和关联子公司，在市场不断扩大的高速成长期，互相配合取得了几何效应。但幸之助去世后，日本家电市场的状况发生了变化。泡沫解体、阪神·淡路大地震、突如其来的通货紧缩导致需求减少使得市场进入了停滞期。松下电器必须重新制定经营战略来应对形势，果断实行经营改革。实际是，这些都没有能够落实。组织庞大，各事业部间的内部竞争导致内耗严重，各自为政的部门主义使得企业对外部环境变化的反应迟钝。社会曾揶揄，松下电器无法从伟大的创业者松下幸之助的理念中解放出来。

中村邦夫就任社长以来，依然遵从创业者幸之助的经营理念，但在其他方面一律不设神坛大肆破坏，公然声称要致力于新的创造。连幸之助坚守的雇佣保障制度也否定了。其结果，是使更名为 Panasonic 的松下的业绩实现了 V 字型复兴。敢于超越常识，打破圭臬的中村变革获得了极大的关注。

评判中村改革的功过，可以从东证股票市场的股价波动入手。Panasonic 的股价 2003 年（平成 15 年）4 月急速跌至 860 日元，2006 年（平成 18 年）4 月急速涨到 2870 日元，涨了 3.3 倍。但是 2011 年（平成 23 年）12 月 30 日当天交易结束后又暴跌至 654 日元。其间，有雷曼冲击、东日本大地震、欧元不稳定、日元升值等企业外部环境的影响，虽说不能一概而论，但是真实的数字作为事实保留了下来。2014 年（平成 26 年）8 月 5 日股价又回到 1228 日元。

（五）中央集权化的陷阱

2013 年（平成 25 年）1 月 14 日在接受日经商业主编的采访中，日本航空的名誉会长稻盛和夫先生，在谈论 JAL 的重建时提及了日本家电业的现状。以下引用其中部分内容。

> 现在的日本，以松下、夏普、索尼为代表的电机业境遇十分悲惨。其主要原因和 JAL 一样，是企业过度中央集权（打破中央集权、改变公司人心是 JAL 重建的主要目的）导致的。我在年轻的时候，曾经承接过松下集团的外包工作。作为经营者，有幸和幸之助先生聊过几次。当时，幸之助先生刚刚建立事业部制度。恐怕在日本是首次将企业分成各个事业部，由每个事业部独立自主地推进事业。我认为这个事业

部制度是促进了松下集团的发展的。

可是，后来却废止了事业部制度，全面实行企业中央集权制度。松下 Panasonic 合并了松下通信工业和松下电工，收购了三洋电机，并将关联子公司全部收于麾下，开始实行中央集权式的统一管理。后来索尼等电机企业也都采取了类似的做法。

之前的事业部制下，电视事业部、半导体事业部、手机事业部、洗衣机事业部等各部门并列存在，各自拥有权限。各事业部自主研究今后的发展战略，独立负责从技术开发到产品制造、销售的一系列环节。

稻盛先生讲了很多，总结大意就是事业部太多导致集团意见难以统一，出现大量的浪费，于是就实行中央集权，削减各事业部的权力，削弱各事业部的力量。JAL 也是处于官僚组织模式下，少数精英人士对约 5 万名员工发号施令，这些干部让员工无法感受到人情味，被认为是冷酷无情的官僚。所以企业经营不可能顺畅。要想改变这一局面，需要与员工充分沟通交流，把留下来的约 3.2 万名员工的能量激发出来，这才算丰功伟绩。

“我认为日本的大企业也一样，应该相信工作现场的力量并给予权限，使员工斗志昂扬。现在的中央集权体制还是不太适合这一状况，矫枉过正了。”稻盛先生得出这样的结论。

稻盛先生继续苦涩地说道：“企业经营恶化是管理者的责任。不根据具体情况的简单的经营策略会把一切搞砸。”

"日本今天依然拥有领先的技术和忠诚度极高的员工。不能充分利用，完全是管理者的责任。"

（六）稻盛和夫在石油危机时展现的领导力

回到之前的话题，京瓷取得一个又一个辉煌胜利时候的事情，京瓷发生的劳资命运共同体的故事。

1970 年（昭和 45 年）前后，京瓷大规模集成电路用陶瓷多层封装的成功开发和批量生产，使京瓷成为一个高收益企业，实现快速成长。

不久，遭遇了石油危机，当时稻盛先生的应对措施展现出了出色的领导力。实现了坚持日本式经营中的重要的雇佣保障，并且在人员过剩的情况下，成功地达到现场工作不松弛，管理不紧张的状态。

试引用《稻盛和夫自传》①（日经商业人文库 · 2004 年 9 月）一书中的内容来了解事情的详细经过。

> 受石油危机的冲击，公司订单骤减。产业界纷纷采取人员整顿或暂时停工休息的措施，京都京瓷也陷入不得不削减员工收入的危险境地。但是，我社一直倡导"追求员工物质与精神两方面的幸福"的经营理念，拥有创业以来公司全体同甘共苦的光荣历史。我们宣称既然是命运共同体，就得坚守雇佣到底。

---

① 此书已被东方出版社引进出版，中文书名为《稻盛和夫自传》。

虽说不减少人员，但工作变少，如果还按以前的方法进行人员配置的话，现场的气氛会松弛下来。工作变成一半，人员也变成一半。禁止多出的另一半人踏入工作现场。剩下的员工在公司早会结束以后，就在工厂区域里拔拔杂草，整理花坛，清除沟内淤泥。同时，频繁召开技术研修会等，为日后恢复正常工作做准备。雨雪天气无法户外作业时，就在会议室学习京瓷的经营哲学。一直以来现场都是以追求效率为目标，努力奋斗的工作氛围，现如今那样的日子简直无法想象。曾经为了工作会与同事争得面红耳赤的紧张工作的日常，如今变成了弯腰拔草。对于制造现场来说，没有比不能生产东西更痛苦的了。

看不下去这一幕的营业负责人向大家深深鞠躬说道："这是销售的问题。为了让工厂里的诸位今后不再出现这种痛苦，我们正在不断努力工作。请大家暂时忍耐一下。"尽管销售团队忘我地工作，但仍然抵不过世界经济不景气导致的持续的需求低迷。1974年底，我不得不做了创业以来最痛苦的决定，向工会提出了"希望冻结一年加薪"的申请。工会经过讨论，全员一致决定通过。然而，正在这时上一级的全纤同盟（全国纤维产业工会同盟）却不同意冻结加薪，要求京瓷继续执行统一要求的29%的加薪。企业内工会就听从全纤同盟的指示还是同意公司的提案一事，展开了激烈的争论。

> 最终，京瓷指出每个企业都有各自的劳资关系，认为不能遵从全纤同盟不考虑企业具体情况的单方指示。紧接着，我们召开了企业临时工会大会，决定退出全纤同盟，从那之后京瓷的工会就走上了独立发展的道路，并以此为契机，制定了《京瓷陶瓷工会宪章》，明确指出："工会存在的意义在于为集体谋求永久的幸福，劳资双方应该是一种共同开拓事业，同甘共苦的牢固的共轴关系，应共同承担这一重大的责任。"

（七）日本式经营就是"和的精神"的体现

松下幸之助也是一样的。当企业陷入困境时，起决定作用的是经营者的策略。

幸之助也好，这次的稻盛先生也好，遇到危机时激发出来的都是和的精神。日本式经营的精髓就是"和的精神"。它是使企业抱成一团的文化基调，它要求不能忽视每一位员工，重视发挥员工的能力。

渡过石油危机难关的京瓷，于1974年（昭和49年）2月被东京证券交易所和大阪证券交易所从第2市场部调换到第1市场部。1975年（昭和50年）9月，股票价格一举超越长时间高居榜首的索尼，成为日本第一。1984年（昭和59年）6月，为了对抗当时的垄断企业——电电公社而创立了第二电电企划（后来的第二电电），历经千辛万苦有了今天的地位。

第三章

向松下幸之助学习领导力

一、松下幸之助的人生观

（一）与人的相处之道

真正的人间正道是什么？通过摘录松下幸之助著，PHP研究所发行的《思考人类》(1975 年 2 月)、《作为一个人的成功》(1989 年 9 月) 的部分语录来思考这个问题。

幸之助的人生哲学，是从不批判、不否定，“包容一切”的立场出发的，是从承认人类和世间万物的价值开始的，也就是不能戴有色眼镜。那是因为“万物之存在，都是根据自然之法则而完成上天赋予的使命”。

这一理念在其经营管理方面也得到了充分的体现。凝聚众人智慧、发挥个性，每个人都值得尊重。

因此“无论任何事物，都不能因为只是个例就否定它的存在或者轻视其意义”。有好恶先入为主的人是难以考虑到这一点的。

“人是在妥善处理与自然和社会的关系的基础之上，获得回报之后，才能不断繁衍，并作为一个群体得以生存发展的。”人之所以能够存在，也是因为完成了上天赋予的使命。幸之助教导，灵活地运用这一理论才是领导者之要务。唯有如此，才能开拓“自他共存”“调和共荣”之路。

可以说，“要想更加正确地走人间正道，必须以众人智慧为基础。只有超越个人智慧充分发挥众人智慧才能提高彼此的见识，人间正道之路才能走得更正确更有力”。这是偏重个人喜好的普通人学也学不来的。然而，位居领导之位的人不能凭个人喜好行事，有时需要具备不分清浊、接纳一切的包容力。

另外，必须努力构建能够充分发挥众人智慧的组织。为此，做到“对一切事物抱有感恩、喜悦之心，并如实地表达出来”就很重要。

幸之助在《一个人的成功》里，特别强调“生成发展”。生成发展，指的是像田地里的农作物成长一样，每一瞬间都有新的“生长”，就是所谓的“日日新”。世上万事万物都在不断运动、不断变化之中。

“旧事物不久就会消亡，不断会有新生之物诞生并取而代之。”这生成发展之姿态就是“自然法则”。“人类每天的生活，也必须遵循生成发展的法则做到日日新。为了经营日日新的生活，最重要的是每天要产生新的创意并做出相应的努力。”我们人类要生存下去，必须每日不知疲倦地动脑筋想出新的创意并做出努力。我们的进步就是在这一过程中实现的。

（二）贯彻积极思维

放眼幸之助的一生，可以说是与消极思维几乎无缘的，是为了顺应世界发展形势，不断构思新创意，努力奋斗，不断进步的人生。他是一个极其努力的人。不过，与我们不同的是，幸之助从不认为努力奋斗是一件痛苦的事，反倒乐在其中。

全国 PHP 友之会的学习会（名古屋 PHP 经营探讨会）上，大家一致认为在自身了解的范围内最能贯彻积极思维的人就是幸之助先生了。幸之助是一个与“健康”“财力”“学问”“血缘”这些都无缘的人。也就是说，幸之助的人生是从“四无”的最底层开始出发的。然而回顾 94 年的人生时，幸之助受到高度评价，被誉为超一流的“事业家”“经营者”“教育家”“著述家”，甚至成为“松下幸之助教”的“宗教家”“哲学家”。

一个人的人生，还有比这落差更大的吗？就像幸之助故乡的那智瀑布那样有着惊人的落差一样吧！

日日有新的不断积累，就是幸之助人生的发展道路。对一切事物怀有感恩与喜悦之情，如实表达的觉悟和为了赢得市场竞争而采取的与其他公司差别化的经营战略，是如何共存于幸之助的内心当中呢？事业家的灵魂和教育者的身份又是如何共处的呢？

学习其语录的我们被他一般人难以企及的才能俘虏了。经常被教育要以大局观看待事物的我们，终究也只是会被眼前利益驱动的普通人，这就是我们的现实情况，所以就涌现出了想要研究幸之助的欲望。

比如，与“素直之心”相对的词语是“怨恨心”“逆反心”“骄傲心”，三毒即“愤怒”“抱怨”“嫉妒”。做事业，如果雇用了许多用起来不顺手的员工，必须会产生与素直之心、感恩之心相违背的否定之心。指挥管理想法不同、个性迥异的人不是一件容易的事，因为与性情不相投的人和谐相处是非常困难的。

（三）向松下幸之助学习的意义

我现在在名古屋加入了两个 PHP 友之会的研究会，并担任会长。一个是“名古屋PHP经营探讨”，这个研究会是以当地的大型私铁集团的经营者和干部为中心发起的。另外一个是2014年（平成26年）6月发起、10月开始活动的“爱知PHP幸之助塾”。“幸之助塾”主要聚集的是在职的经营者、管理者和创业者，前者以年长离职者、退休者居多。因此，我们殷切希望年轻的商务人士甚至是学生能加入进来开展关于幸之助的研究。

我参加过PHP全国友之会的东海地区总会，出席的在职商务人员只占全体的一二成，20几岁的年轻人更是寥寥无几。

PHP友之会的主要工作人员光是这些见证了社会发展进程，积累了大量经验的高龄人士可不行。衷心希望正在时下的日本打拼的商务人士和必将影响日本未来的学生能够成为PHP友之会的主要力量。因为这些人学习和研究幸之助的哲学和大局观，一定会对他们现在以及将来做出准确的判断起到巨大作用。

（四）正确的事业观是“为社会为他人”

正确的事业观和正确的人生观一样，必须回答为什么要做事业和为谁而做这一问题。干事业，不是为了自身的利益而是为了大众、社会，为了芸芸众生。如果把私欲摆在首位，那所行之事必会遭受周围的非难而无法维持下去。社会本就由各种私欲堆积而成。欲望和欲望碰撞，必有一方被打倒。

虽说是为了社会为了他人，但若不能在市场竞争中胜出，企业也将溃败。在市场竞争中胜出并生存下去就需要战略和战术，还需要可以具体执行战术的战斗力。

这里或许有人会反驳，在这样激烈的互相竞争中，为了社会、为了他人这样的理想主义能行得通吗？但是，工作中产生的商品、服务如果得不到客户的认可，客户就不会购买。原材料、零部件的生产也是一样的，只有提供让客户满意的 QCD（品质、成本、交货期），生意才能成立。

原材料、零部件交到客户手里，经过再加工等程序最终提供给每个消费者，最终的顾客是消费者（建设业中就是购房者）。最终的购买决定权在消费者手里。

消费者构成了社会。为了社会，也就是为了构成社会的每一个人。不努力为了满足每一个消费者做贡献的话，工作也就无法开展。只有消费者的购买决定才能给企业带来收益。

也就是说，如果回报消费者算公益，不舍弃私利、立足公益的话，是不会有人购买自己的商品或服务的。舍弃私欲，为公共利益而行动，是经营事业的根本课题。

为社会为他人而尽心尽力，企业才有可能存在。如被私欲俘虏，则不会有人理睬。我们应该认可“社会总是对的”这一观点，企业经营理念的制定必须立足这一原则。

经常从经营者、管理者那里听到“愉快地工作”这句话。看着他们炯炯有神的眼睛、明媚的表情，就知道他们每个人都没有被私欲束缚。我们从自身经验就可以知道这一点。

能感到快乐，证明拥有充实感，因为自我实现的需求得到了满足。通过完成工作获得的充实感，是用金钱体验不到的。的确，工作的报酬就来自工作本身，但不是“钱就是一切”

的狭隘想法。这些人的劳动，并不是出自只为自己的私欲，而是把为了周围、为了社会、为了世人做贡献作为自己最大的幸福。如果做到这样，那工作本身一定是幸福快乐的。

（五）上层领导的举动营造职场氛围

在本章讲述的是幸之助夜以继日地工作，这些工作是持续不断地开展的。在周围人看来，他就是把工作当成爱好的工作狂。

为什么能够终其一生都在坚持夜以继日地工作呢？答案很简单，因为他从私利的烦恼中解放出来了。比起私欲，把公益放在第一位。比起个人的利益，把公司的组织利益置于首位。想为包含公司在内的社会贡献自己的力量。

领导者或是管理者如果显露出自私自利，那周围的干部要么模仿，要么含恨离开。其结果是显而易见的。职场氛围就会僵化，就像淤堵的水沟一样，那样很快就会生出孑孓虫。

位高者，首先要让周围的人心服口服，成为被欣赏、钦佩的对象。因此，要率先豪气地喝下满杯酒，然后再分别与每个人一一敬酒。不应该只是做出喝的样子，剩下全部交给其他人。

领导者、管理者没有一体感的公司，换句话说就是没有命运共同体这种使命感的公司，就不会产生有问题意识的年轻员工。越是年轻人越会考虑，我不能把未来漫长的职场生涯，托付给一个感受不到使命感、无法产生能量的企业。在年轻劳动力逐渐减少的日本，希望组织中有能让年轻人产生梦想、点燃激情的东西，能够有吸引到年轻人的东西，比如催人奋进的团队协作、充满希望与积极性的职场氛围等。

（六）活用人才的12条法则

接下来我将参照松下幸之助著述的《活用人才的12条法则》（PHP研究所·2009年5月）中的内容，去了解幸之助是如何与人相处的。

1. 抓住人心细微的波动

这一条里有句“辨别人情的微妙之处”，幸之助是这样解释的，“人，在受到他人之所求时，有‘为利害而动’和‘不只为利害而动’两种心理。如果主动提出话题的人态度傲慢、盛气凌人，那无论能给自己带来多少好处，也会拒绝。相反，尽管事情会给自己带来负担和损失，但若请求者的态度极其诚恳，充满诚意，最终也会为诚意所动而接受。我想人与人之间都有一种说不清道不明的微妙的心理在起作用”。（《人生心得帖》）

所以幸之助说：“不管拜托别人什么事，一定要认清这两种心理再行动，这很重要。”这是深谙人情之微妙的生活方式。

人际关系有理（得失）起作用的部分和情（好恶）起作用的部分。如果和对方交往能带来利益，刚好对方又是自己喜欢的类型，那这是非常理想的关系。但是，在组织里会有性情不合甚至自己讨厌的人，如果不处理好关系可能会带来损失，所以必须用心维持好人际关系。

2. 制定企业基本理念并反复传达

经营理念会在下一节中详细论述，但经营理念对员工的工作积极性的影响有多大，这里想借用幸之助的观点来加以说明。

> 现在有两家公司，一家工资较高，另一家一般。这种情况下，你会觉得工资高的公司的员工会感到幸福而积极努力工作吗？事实并非如此，有时候反而是另一家公司的员工对工作充满干劲。通过调查发现，是因为这家公司有非常明确的经营理念，而且经营者会把这个理念反复传达给员工。“我们公司是以此为目标的。我们通过这样的工作为社会做贡献。我们从事的是令人尊敬的工作。所以，大家必须好好干！”
>
> 社长反复强调公司的经营理念，员工的使命感也会油然而生，从而自发主动地埋头工作。与此相对，另外那家公司没有明确的经营理念，所以员工也感受不到使命感和工作的价值，工资虽然相对较高但成就感不高。其实，人有唯利是图、只为利益所动的一面，也有为使命献身、从为社会为他人做贡献中获得幸福的一面。所以，用人不能只简单提高工资，如果不让员工具备使命感他是不会真正动起来的。(《人事万华镜》)

幸之助让我们感叹人的胸襟是宽广的。与其说是宽广，倒不如说是相通的。因为没有被固定的思维和单一的见解束缚，就要具备根据对方的情况、周围的状况还有当时的气氛而能够灵活应对的不拘一格的思路。但是，自己最核心的经营理念必须明确，不能轻易动摇。正是因为核心绝不轻易改变，所以身边的人才会带着使命感努力工作。

· 销售商品前先销售经营理念

话题转换一下，介绍一篇让读者叫好的小文章。它是原松下电器产业副社长后成为 WOWOW 会长的佐久间升二在日经产经新闻的《职场人秘录“七落八起”》(2003 年 3 月 10 日) 中追忆幸之助往事的连载文章之一。

事情发生在松下电器还处于发展上升期的 1969 年（昭和 44 年）6 月，地点是在汉堡松下（干电池销售公司)。幸之助前往业绩一直无法提升的该公司去监督并激励员工。这件事就是那时发生的。

> 恳谈会上，派驻当地艰苦奋战的员工问道：“请问如何才能建立强大的销售网络?”面对这一提问，幸之助思考良久后回答道：“在我们松下电器，希望大家在销售产品之前先销售一个东西，那就是松下的经营理念，也是松下的根基。”对于一直认为生意就是销售商品的我来说，理解这句话花了相当长一段时

间。主要意思就是说仅仅依靠商品、价格之类的生意是不能长久持续的。可以理解为，要尊重彼此对生意的理念和态度，构筑互相信赖、长久合作的客户关系。

当时松下电器的知名度、产品的品牌影响力还没有那么大。可以想象在那样的条件下构建销售网络是件多不容易的事情。如果是普通的经营者，面对下属这样的提问或许会呵斥："多去跑跑，加油干""要有再多跑一家的斗志""在唠叨抱怨之前先动起来"。但幸之助深思之后说出了"销售商品前先销售经营理念"这样的话，这是苦苦奋战的派驻当地员工一下子理解不了的甚至是超次元的话。

不愧是经营之圣。上述言论是与"松下是制造产品之前先制造人才的公司"这句话相通的。培养人才是造物的基础，销售商品前销售经营理念是做生意的基础，我想幸之助的这种使命感一定深深震撼了当时在场的每个人。与杰出的人打交道，人正是在这样的教育下才能获得成长。

3. 殷切希望

"对公司的最高首脑来说重要的事情非常多，但尤其重要的一点是必须成为一名有欲求的人。我想做这样的事也想做那样的事，必须站在欲求者的角度展开工作。松下电器在每年1月会发布新年度的经营方针，向全公司征求数字指标和其他要求做到的事项等。通报今年我们要做的事情，所以也希望诸位好好努力。这是一种殷切希望和基本的要求。”

社长指出的方针，换言之也就是社长的要求。幸之助说没有要求的社长就等于没有。

> 作为社长最重要的工作，就是要不断强烈呼吁号召所有员工做这做那。这就是社长的工作。处于首脑地位的人，要树立起远大的理想，胸怀梦想，并将这些要求和期望传达给员工，这是非常重要的。没有要求的社长就没有存在的意义。(《论我的经营》)

像这样把公司做好的满腔热情是社长最该具备的。同样地，作为各部门、各阶层负责人而存在的领导者，在其职位上，就应该把该有的姿态（方针、目标）最强有力地传达给下属，是既然接受命令就要执行到底的人，是拥有满腔热情要把自己负责的部门变得更好的人。这就是幸之助的教诲。

4. 注意量才录用

幸之助认为：“人在本质上虽然是共通的，但个性、风格却各不相同。如果想要人尽其才，就必须根据每个人的个性、风格量才录用。把适当的人放在适当的位置，那个人也会因为能够发挥自己的特长而感受到巨大的喜悦和幸福。工作成绩也会提高，对他人也能产生积极影响。所以，量才录用于己于人都是一件幸事，用人者务必注意这一点。”

5. 率先垂范

幸之助的经验是："当员工只有五六个人时，上司要做的事情比较简单，就是以身作则。只有比谁起得都早，比谁睡得都晚，拼命工作，以身示范。"

> 一心一意地工作。看着老板如此认真努力的样子，周围人就是有意见也会伸出援手，好好工作。老板非常清楚自己的责任，专心致志地工作。只要展示出真实的样子就可以。员工看到这种姿态必会有所反应。领导者，必须把自己所坚信的、所想的不厌其烦地向人们诉说。同时，身体力行、率先实践也很重要。必须铭记：没有以身示范气度的领导，人们绝不会真心跟随。(《领导者的条件》)

这种率先垂范的一次次积累，就是往经营之圣境界不断攀升的过程。二战后，松下电器被 GHQ（联合国军总司令部）认定为限制公司，很长一段时间幸之助境遇艰难，但之后经过一系列的发展，在富豪排行榜中幸之助多次位列第一，作为高额纳税人为国家持续做出贡献。但在私下里幸之助非常朴素，是个与高尔夫、艺妓、夜生活俱乐部等无缘之人，是个一天 24 小时全部生活都属于经营的人。

6. 倾听意见

幸之助曾说，"一个公司，无论社长多么满怀热情，想要公司获得更大的发展，但如果不凝聚下属的智慧，这个公司一般都会倒闭”。

“不听下属讲的话，排斥下属提出的意见，打击压制下属的特殊才能，这样做公司迟早会倒闭。身为上司，必须把下属之言看成老师之言。越看重下属的意见，就越能汇聚众人之智慧。直至今日，我基本上都只是聆听了下属之言，只是把下属的提案建议全部实践好。”（昭和 55 年 9 月 16 日　松下电器产业　第 186 回经营研究会）

幸之助认为只有老板平时认真倾听下属意见，公司的员工才会成长。因为只有聆听下属的话，下属才会主动地思考事情，这会促使其成长。做好随时准备“倾听”的姿态，下属也会感应到，瞅准机会就能献言献计。

还有，幸之助说：“最好尽可能保持采纳下属意见的积极态度。即使多少有点问题，也要说‘既然你那么想，那就试试干吧’，我就是一直这么做的。”这样做虽然有时候会失败，但大多还是都能顺利进行的，经历这个过程部下会成长，会更活跃地发表意见，提出建议。（《人事万华镜》）

7. 着眼于员工的优点

这是幸之助与人相处的基本态度。事物都有明暗两面，人也有长短处。幸之助毕生都努力去看人的闪光的、好的、擅长的部分。说出自己的意见之前首先垂耳倾听。批判之前先要肯定。幸之助与人相处的秘诀就是一直贯彻重视对方人格、立场的相互尊重的人事管理制度。

普通人做不到是因为这需要毅力，需要花时间。尤其是采纳对方意见并放手让其去做是很需要魅力的，许多时候会精神焦躁。用人真是件难事，幸之助虽是蒲柳的体质，精神上却异常顽强坚韧。

在看长处这点上，“我们接触各色各样的人，首先要发现那人的特长，并使其得以发挥。这一点自己多少比较擅长，所以才有今天”，幸之助如此说道。“不以对方短处为苦恼，只看长处、特长，并将其利用好，这才是培养人才。如此一来，这也就不是那么困难的事情了。”幸之助在会议、研究会上多次做过这样的发言。这样不断循环才能培养出得力亲信和干部，即使组织变大也会因为有了幸之助的化身，使得组织能够继续顺利运转下去。

> 人，不管是谁都是越磨越亮，都有其各自的闪光点。所以，培养人才发挥其才能，首先要好好认识其人之本性，要留意让每个人的优秀特质都得以展现。这就是最基本的！(《人尽其才人的经营》)

8. 给予梦想和目标

经营者、领导者，持续给予周围和下属希望是其重要使命之一。不能给予梦想的经营者、领导者是失职的。人尽其才，就是给予其希望，让其拥有梦想。

幸之助说：“社长把工作交给员工做，自己保持站在后方的姿态就可以，但必须有坚定的经营理念，怀着使命感，指明公司应该前进的方向，明确指出各个阶段的目标。”“提出目标”“明确目标”，将成为员工的支柱。

松下电器在每年1月10日会举行经营方针发表会。这是举世皆知的松下电器年初的一项重要传统活动。在这个发表会上，幸之助会向员工们倾诉自己的想法，宣称明确目标是自己的重要工作。尤其是公司困难不断时，经营者的这种积极姿态对员工来说是最大的支柱！

9. 信赖与托付

给予对方百分百信赖并将事情托付给对方是很难办到的。有60%的信任的话，幸之助也会说“你去做吧！一定可以！拜托你了”，这就是他的用人秘诀。

“交代好基本方针，剩下的就果断交给对方。明确责任和权限，他就会自发地开展工作。让对方在工作中感受着强烈的信任感和期望是很重要的。事前有就算信任遭到背叛也是合理的这种心理准备的话，令人意外的是这份信任反而不会被辜负。”讲出这些话的幸之助本质上是个积极乐观的人。

话虽如此，也有非常残酷的一面。“经营，说到底是靠人，所以在这点上不可马虎大意。用人者、被用者，都必须认真。尤其是作为经营者，必须以敏锐的眼光，观察是否将合适的人放到适当的位置，我认为这很重要。”（《发现经营的秘诀　价值100万》）

10. 宽严适度

无论何事，有功必赏、有过必罚，赏罚分明极其重要。只有这样，集体的纪律才能得以维持，员工才会更加勤勉地工作。

对其宽严之度，幸之助说“宽严各半的话太稀松平常了”。“严厉10%，宽容90%就行”。但幸之助同时告诫，因为极其宽容，所以严厉必须以一当十。

11. 拥有依赖心和崇拜心

“上司拜托下属的时候，虽然都说‘你来做吧’，但心态是会变化的。如果员工只有10人、100人，要带头示范地说‘做吧，做吧’。但当有几千人时就要说‘拜托了’。到1万人、5万人的规模时就得有‘崇拜之心’。没有崇拜之心，那1万人恐怕也不会动起来。我这样认为”，幸之助说道。

12. 磨炼耐心

幸之助曾说：“耐心，非常重要，想让对方记住就要反复强调。位高者更需要这种耐心。这是件麻烦事儿。但是用人就是费心劳力，就算在封建时代主公的话就是绝对权威的时代也是这样的。”

只不过，用人者在用人时，最好别抱着“使用”的心态。“共同工作，意识到其实是自己在被大家使用。有了这样的觉悟，就不会觉得‘费心劳力’，反而能从中感受到一种喜悦。”结论就是“用人就是被人用”。不愧是幸之助，果真是无人能出其右的用人大师。

二、松下幸之助的经营力

（一）经营是“没有终点的综合艺术”

松下幸之助是如此描述经营的。幸之助一直使用创造性的经营手法。

独立核算事业部制的采用、角型自行车灯的实物宣传、质保式销售、直接贩卖制等富有创意的经营手法，使企业得以加速成长起来。

幸之助去世时，1989 年（平成元年）4 月的松下电器，集团总销售额达 6 兆日元，有上市企业 12 家、关联公司 400 多家。据当时日本经济新闻报道，12 家上市企业当时的资产时价总额高达 8 兆 3788 亿日元。除此之外，还有系列家电店铺 2.5 万家。松下员工有 14 万。而且幸之助自身从 1952 年（昭和 27 年）开始共 10 次位居全国富豪排行榜首位。

无论是个人还是法人，之前从未见过有谁为纳税做出如此大贡献的。企业最重要的社会责任之一就是实现企业盈利，通过纳税为国家或这一地区做贡献。因雷曼冲击导致巨额亏损的丰田汽车，在 2014 年（平成 26 年）3 月份的决算中时隔六年终于交纳了法人税，社长丰田章男坦言“开心”。因为有“企业交纳税金为社会做贡献是最大的使命”这样的信念。这次决算中，总算守住了创始人丰田佐吉“产业报国”的遗训。相反，赤字企业，就是没履行社会责任的体现。幸之助除纳税以外，还开展 PHP 运动，设立松下政经塾等，在文化教育多方面也做出了极大贡献。

小学四年级时被迫辍学，从做学徒开始走上从商之路，一贯通过独特的见解、好脑筋和不懈的努力在行业中占据先机。

比幸之助更成功、更富有的，大有人在。但是，幸之助的成功几乎与投机无缘。这一点是他深受国民欢迎的原因。他去世后不久，有资料显示，幸之助在 94 岁的生涯当中留下了 45 部著作。如果包括合著，共发行了 55 部书。虽说是口述笔记，但其影响是巨大的。而且，这些著作成为累计销量超过 1000 万本（当时）的畅销书。

（二）践行经营哲学

1978 年（昭和 53 年）6 月 PHP 研究所发行的《实践经营哲学》，2001 年（平成 13 年）5 月由 PHP 文库再度出版。

可以说，《实践经营哲学》是幸之助经营经验的集大成之一，记录了幸之助在长达 60 年的事业中积累的经营精髓。这些为经营者、管理者答疑解惑的箴言，分布在该书的 20 章之中。

1. 从拥有正确的经营理念开始

其起点是“首先要明确经营理念”。“公司是为何而存在的”“经营的目的是什么，用什么样的方式去经营”，明确这些基本想法是事业经营的第一步。在事业经营中各种因素都很重要，如技术力量、销售能力、资金等要素，但最根本的是正确的经营理念。

幸之助断言，只有以正确的经营理念为基础，“人员、技术、资金才能真正地发挥效力”。“所以为了经营的健康发展，首先必须从持有这个经营理念开始。这是我工作 60 年来的切身感受。”

关于经营理念，幸之助是这样说的，“正确的经营理念，不仅仅是经营者个人的主观想法，其植根于自然的规律、社会的法则，无限生长是基本。大自然和广阔的宇宙是不断发展的，我们在其中经营事业”。这种基本认识，无论在什么场合都是极其重要的。另外，人是什么、是怎样一种存在，用这样的人类观思考也非常重要。

2. 企业是社会的公物

总结以上所述就能得出这样的结论。事业经营本质上不是个人的事，是公事，企业是社会的公物。这是非常值得创业者思考的问题。事业经营不是私事是公事，谋求的利益不是私利而是公益。

在事业的起步阶段，对于处在企业明天不知会经历什么的状态下的创业者来说，即使听到“事业经营不是私事是公事，谋求的利益不是私利而是公益”这样的话也是没有感触的。连幸之助自身在开始创业时，也是带头示范辛勤工作的。思考确立自己的经营理念也是在企业规模达到 300 名员工的时候。创业 10 年，随着企业规模的不断壮大，时常需要扪心自问作为经营者什么是重要的。

“公司从最艰难的谷底发展到今天，成为不断发展壮大的企业都是源于自己的努力。从现场的每一台机器到公司大楼的柱子、桌子、椅子都是靠自己废寝忘食地努力工作得来的。保险柜里的钱也是如此。甚至最重要的员工也是自己一个一个雇用进来的。所有这些都是自己的，是自己一个人可以支配的。然而果真如此吗？仔细想来，它和自己能够随意得到的东西是不一样的。所有这些都是社会的寄存之物，自己只不过是被委以管理之任。既是自己的又不是自己的。"

如果心境发生如此变化，对经营的思考方式就发生了根本的变化。伟大的创业者几乎都经历了这样的心境变化，在树立起经营理念之后确定了经营基本方针和经营目标。想想看，无论多么富有的的企业家，都是赤裸而来再不带一物地离开，什么都没办法带走。

对正经历千辛万苦埋头干事业的人说，"企业必须为社会为人类做贡献"，恐怕会遭到反驳，"说这些空话之前先去帮我融资"。但是，得不到由顾客构成的社会的认可，企业是无法存续的。因此，舍弃私欲为社会尽心尽力，具体说就是只有为顾客做贡献事业才会发展。这样的觉悟是经营者必须具备的。

尽管历尽艰辛，饱受痛苦，也必须心存高远。把自己的公司看成是社会的公物，经营者的格局就会变大。心存高远、提高人格魅力的话格局就会变大，事业或者组织也会随之得到发展。执此信念开展业务，业务部门也会活跃起来。业务部门活跃了，之前看不清的东西也就逐渐清晰了。

3. 一切从"心"出发

接着，我们继续打破沙锅问到底。企业究竟是谁之物？是属于股东的还是属于在职员工的？都不是，按幸之助的说法是属于社会的。前面也提到是来自社会的寄存物。

“人员、资金是来自社会的寄存品。”所以必须用心慎重对待。认真对待就不能掺杂私欲。那么，我们怎么做才能有不为私、用公职之责为社会做奉献的心境呢？

自身内部出现嫌隙，抵挡不了诱惑等，这些都是“心”的问题。一切从“心”出发，要问自己有没有坚定的内心。

作为经营者必须坚持的核心原则绝对不能动摇。所以，确立有灵魂的经营理念就显得十分重要。而且每天早晨得像念经一样反复诵读。坚持这样做，或许就能更接近幸之助的境界。

《实践经营哲学》一书共有 20 章，分别是“首先确立经营理念”“一切事物都在不断发展”“要有人生观”“正确认识使命”“顺应自然法则”“贯彻共荣共存理念”“社会是公正的”“志在成功”“自主经营”“水库式经营”“量力经营”“贯彻专业化”“培育人才”“集思广益”“对立与调和”“经营就是创造”“适应时代变化”“拥有素直之心”等。《实践经营哲学》，可以说是领导者的必读书目，越读就越能理解经营的内涵。

通过阅读这些原则，在经营实践中执行就会逐渐明白其本质。只要考虑到无论是自己还是他人，万事万物都是不断变化发展的，就能拥有一种大局观。不依赖外力、自主经营，这也是从经营者到配合经营者的管理者和各部门负责人必须具备的基本觉悟。

量力经营，就是经营要符合自己的实际情况，在自己的量级内进行角斗。幕下力士如果在横纲、大关的量级里比赛则必输无疑。量力经营，就是蓄水量要符合自己水库的规模。

坚守本业，也就是坚持专业化，是一项基本课题。真正的专业人士，会坚守本职工作努力追求极致，因此能不断提升自己的能力。看形势转战其他事业、见异思迁是大忌。首先是在本业上追求精益求精，这是非常重要的，其次才是谋求事业多元化。在本业上不能成为专家的人，涉足专业人士济济的其他领域是不可能获得成功的。

4. 要有素直之心

幸之助在《实践经营哲学》中还告诫，经营者的根本就是拥有素直之心。缺乏素直之心的经营是发展不长久的。

对幸之助来说，“素直之心”就是“不被外力束缚，不被自身得失、情感、知识、先见等束缚，实事求是地看待事物”。

关于“素直”，谷口全平先生在任 PHP 研究所董事时所做的演讲中曾说：“素直是能够畅通无阻做出判断的基础。与顺从是不同的，是服从真理。不囿于任何事，遵循理。这是幸之助毕生的目标。”“这是关乎人性的根本课题。它存在于我们日常生活的最深处”，谷口先生字斟句酌缓缓地说道。

前文也提到，幸之助也曾烦恼迷茫，也曾意志消沉。但是，他对自己说要有素直之心，并通过持续不断的努力最终成为国民英雄般的“经营者”“实业家”“教育家”，甚至是“宗教家”。

那些积累起来的日常的努力，我们是不可忘记的。能够成为成功人士，是因为在成功之前一直在努力。变成失败者，是因为在中途就放弃了。这也是幸之助的教诲。

5. 不忘开店之初衷

关于经营，幸之助还说“不要忘记开店时的心情”。记住它就一定会由内而外地散发谦虚和热情。开店之初衷，从某种意义上说也就是要重返原点。原点就是“做正确的事”。“做正确的事，就不会产生烦恼。如果产生烦恼，只要改变自己的做法就可以。社会总是公正的，正因如此，就该和公正的社会不断磨合，拼命工作，如此我才会安心。”

这种努力会产生“每天都有新进步”的新鲜感。因为已经不追悔昨天的生活方式。

关于“社会是公正的”，全国 PHP 研究所编选的 1 号到 31 号的一日一训中，其中第 20 天的内容是这样记录的（31 训都引自“拓路　松下幸之助日常语录”）。

社会是公正的，其内容是：“即使有好的想法、认真努力地工作，也有不被社会认可的时候。我们就会认为社会是不公正的，冷漠无情的。但这样想，无助于自我提升。用长远眼光来看，社会是公正、温暖的，必须铭记这一点，做事就是尽自己最大的努力。”

拿着这本语录，到每月的 20 号，就读上面的文章。这样，一年能读到 12 次。接触 12 次，它不仅印在了我们的头脑里，也深深地刻在了我们的身体里。

6. 社会是公正的

《实践经营哲学》中第八条写道“社会是公正的”。这本著作是幸之助在经营事业60年之际所著，前言中写道“本书中所汇集的经营理念和经营哲学，是经过60年的经营体验总结出来的并一直践行的有关经营的心得体会。”前言写于1978年（昭和53年）6月。

“社会是公正的”这句话既然是实践经营哲学，我们就站到经营者的立场进一步进行阐述。“如果认为社会是靠不住、不可信任的，经营也会遵循这种想法；如果认为社会是公正的，经营就会顺应社会的需求。在这一点上我一直认为社会基本上是像神明一样公正的，而且一贯站在这种立场上展开经营。”

当然，如果去看社会中的每一个个体，都是形形色色，不能说每个人的想法、判断皆是对的，但“我认为个体即使在一段时间出现了过错，用长远的眼光从整体的角度来看，世人，或者说民众总像神明一样会做出正确、公正的判断”，幸之助如是说。

另外，他还补充，“社会会认可、接纳正确的事物，如果我们能不断思考‘什么是对的’并努力经营，势必会被社会接受。所以我们只要信任社会，不犹豫，做该做的事情就可以了”。以这种态度生活，就会有一种“没有比这更让我们安心的事情了。也就是说，像走在平坦大道上一样”的感叹。

幸之助这样总结，“自然的规律、社会的法则是无限生成发展的”。构成这个社会的大众所追求的，基本也是相同的。“认为社会是公正的，用心去做会被社会接受的工作，事业就会有发展的前景”。

（三）松下幸之助的经营感悟

1. 天理教本部的经历

话题往前追溯，另外一个磨炼了幸之助人格并提高了其经营能力的就是在天理教本部的体验。这段经历为幸之助经营开悟、确立自身领导力创造了重要契机，是个世人皆知的有名故事。

我想从《我的半生记录　我的做法想法》（实业之日本社·1978 年 5 月，PHP 文库·1986 年 9 月）中引用这段经历。

1932 年（昭和 7 年），幸之助在一位客户朋友的热心邀约下于 3 月上旬某天上午七点赴天理教本部参观。去哪儿对宗教都提不起特别兴趣的幸之助，下了电车，饶有兴致地欣赏着去往正殿途中的街景。主要的建筑都是宗教团体的设施，从未见过的气势恢宏的建筑让他叹为观止。

首先参拜了正殿。建筑物规模之恢宏、用料之考究、修缮之出色，特别是清扫之细致、一尘不染等景象都让人不禁深深叹服。还有众信徒在神殿里行走，有一种在其他宗教寺院里看不到的肃穆与虔诚，在神殿前跪拜的样子一看就知道是热心的信徒。

接着又去参观了正在建的教祖殿。教祖殿那时正在修建，已有相当的规模。这次修建有太多人干活，一问才知道他们全都是侍奉的信徒。他们满脸大汗，但孜孜不倦、不屈不挠的神态，充溢着和普通建筑现场截然不同的气氛。

引导者解释说，每天都有许多来侍奉的人，建起了许多建筑物，但教祖殿的修建想要侍奉的申请者比平时还多，甚至已经为无法满足所有的侍奉申请者而发愁了。听到这些，幸之助很是吃惊。

下午参观了学校设施。其中有在一定时间里向信徒申请者阐释宗教教义的宗教学校。学校也是规模巨大，当时入校者人数超过了 5 千。上课时间是每半年一次，一年送出两届毕业生。每年培养 1 万以上的毕业生，如此兴盛是幸之助未曾想到的。

接着又参观了木材加工厂，在这里幸之助也是惊叹不已。“放眼望去，宽敞的地面上排列着几栋工厂。广场的木材堆积场上，原木堆积如山，到处塞得满满的。走进工厂里，马达的轰鸣声、电锯切割木材的响声，轰隆隆的噪音中，许多工匠正满脸大汗紧张地加工木材。那身影、态度中有一种不由得让人感觉到独特的肃穆庄严的气质。问了下才知道这些人也都是以信徒的侍奉者为主，不禁感叹，果然如此”。

可以和大型木材加工公司匹敌的这个木材加工厂，基本是靠信徒的侍奉运营的。

最后我看着这家木材加工厂，有一种强烈的感动和感激。果然宗教的力量是伟大的。如此大的建设事业，是由侍奉的人们参与建设推进，所需要的木材也全部都是侍奉的木材，想到这些不由得感慨万千。

2. 幸之助参观天理教本部后的感悟

参观完木材加工厂正好是傍晚五点左右。朋友以皈依宗教成就巨大发展的工厂经营者为例，热心劝说他入教。可幸之助并无接受信徒教义之意。

与要在本部留宿的朋友分别，幸之助一人乘坐电车原路返回。

在电车上幸运地坐上了座位，将头倚靠在后面的窗户边上闭上眼睛，脑海里浮想起天理教的一幕幕。今天亲眼看到了那气势恢宏的场面，那是一种比宏大更壮阔的场景。说起繁荣也真是繁荣：堆积如山的侍奉木材、建设教祖殿的信徒脸上洋溢的庄严满足的神情、清扫的一尘不染的正殿、所见之人的虔敬态度、教会学校的学生数量之多、修满半年毕业后就作为神的侍奉者去感化他人的活跃身影等。让人不禁联想到这未尝不是一种经营，称为经营也许不太合适，然而对于还没有萌生宗教信仰的我来说，只能把它看成是一种经营。

而且经营，我越来越强烈地认为那就是一种经营，出色的经营、优秀的经营，在那儿很多人充满幸福地各司其职。他们很认真地努力着。不光是自身，还有一种能让他人也感受到这种幸福喜悦的热忱。优秀的经营，确实是优秀的经营，我的感叹越来越深刻，脑海里就不断浮现出真正的经营。正义的经营、经营的正义，思绪走到这里，不可思议地就更进一步想到我们行业的经营。现在想起来还觉得不可思议，竟然能够深刻地把两者的经营联想起来。

回到家中还是思绪不断，一直深入地思考到深夜。

并且试着对两者进行了比较。天理教的事业是引导众多苦恼之人，让他们获得内心安宁，是以使人生变得幸福为主要目的的、全力以赴的神圣事业。我们行业是提供维持生产和提高人类生活水平的必需物资，同样是一项必不可少的神圣事业。我们的工作是从无到有，是消除贫困、创造财富的务实的工作。

自古就有“与各种疾病相比，贫穷更让人痛苦”的谚语。消除贫困，可以说是至高无上的崇高事业。为此，只有刻苦努力，生产出丰富的物质产品，除此之外没有其他道路。这就是我们的工作，我们的事业。把全体人民的生产推向富裕和繁荣，进行这样的生产才是我们的崇高使命。人民的生活既要有精神上的满足，也要有物质上的丰富，这样，幸福才能得到维持和提高，两者缺一不可。

虽然精神有了寄托，如果物质缺乏，那么，维持生命也会十分困难。反之，虽然物质丰富了，如果精神上不能安心立命，那么，也就没有人的价值和人的幸福可言。两者就像车的双轮一样互为依存。

幸之助开始产生经营领悟，就是在这时。在幸之助的研究中，这一段是极为重要的，所以虽然有点冗长却全部引用了。

3. 消除贫困是“神圣的经营”

幸之助如醍醐灌顶一样。

这次经历是引导幸之助成为伟大经营者的重要契机，是树立起无人能及的崇高领导力的灵感来源。强烈撼动幸之助内心的结论是，“我们的经营、我们的事业，应该成为比某宗教事业规模更加宏大和繁荣的事业。既然如此，企业又为何关停某项事业和缩小经营呢？那是因为经营恶化。只顾着自己利益的经营、脱离正义的经营、还没有神圣事业信念的经营、只当作生意买卖的经营、单纯立足于传统习惯的经营，都是导致经营恶化的原因。我必须摆脱这些桎梏。”

对幸之助来说“神圣的经营”“真正的经营”到底是怎样的呢？那是为社会生产像自来水一样的取之不尽用之不竭的重要生活物资，以近乎免费的价格提供给社会以消除贫困。

在以丰富物资为中心的乐园里，再加上宗教力量带给我们的精神满足，人生就能圆满。就在于此，我们真正的经营，今天参观学到的真正的使命就在于此。松下电器的终极之道就只有选择这条道路并努力前进。

这是幸之助 37 岁时候的事情。松下把 1932 年（昭和 7 年）5 月 5 日这一天定为“命知元年”，作为第一次创业纪念日。松下电器向世人宣布新的使命，并将其确立为松下电器的经营基础。可以说从此以后，幸之助在经营方面发挥了强有力的领导力。

4. 松下电器经营之根本

1933 年（昭和 8 年）7 月，松下电器发布了全体员工应该遵奉的五大精神。

这五大精神分别是“产业报国精神”“光明正大精神”“团结一致精神”“奋发向上精神”和“礼让精神”。后来又把“礼让精神”修改为“礼貌谦让精神”，追加了“顺应同化精神”和“感恩图报精神”，形成了松下电器七大精神，持续到现在。

“命知”就是幸之助在 1932 年（昭和 7 年）5 月 5 日上午 10 点，召集除了工厂工人的 168 名店员，在大阪中央电器俱乐部大礼堂所诵读的“所主训辞”。这是松下幸之助经历了先前的经营领悟事件后论述了企业生产目的，展示了松下电器经营的根本。

松下电器的经营思想体系吸收了“所主训辞”的内容，揭示了构成松下电器基本经营方针的“纲领”。其内容首先是“希望诸位恪守产业人的本分，致力于改善和提升社会生活，为世界文化的发展做出贡献”。其次是“信条”,“公司的进步发展离不开每位员工的团结合作，殷切希望各位能以赤诚之心团结一致、努力工作”。

回想起来，松下在1929年（昭和4年）史无前例的大萧条时期就有过这样的做法：宁愿生产减半也绝不裁员，竭尽全力不削减员工工资，而是将经营战略和战术全部集中于出售满仓库的存货这一点上，以此渡过危机。因为出色地集中攻破一点，当时的松下人获得了难以估计的自信。

关于这件事情，幸之助曾感怀说,“当机立断事必成的强有力信念，就在这时扎下了根。这次事件以后松下电器的经营就以更大的力量和信念得以执行下去”。那时发挥的领导力，就是在那之后领悟的“命知元年”经营理念。

自创立至今，前往天理教总部参拜的经营者不计其数。但是通过一次参拜就能有深刻的经营领悟的又有几人呢！放眼全国，能超越松下幸之助的经营者也是没有的。从这个意义上讲，对天理教总部来说，也和一位最伟大的经营者建立了良好关系（缘分)。

(四) 企业经营的成果是“利润”

总结本节之际，继续阅读《实践经营哲学》。首先引用该书“利润就是报酬”这句。

联想到“为了社会，为了他人”这句话，可能会觉得作为企业获取利润好像是不好的。为了化解这一误解，我们先谈一下幸之助思考的“企业的利润”。

幸之助断言，“本质上，利润是企业完成使命获得的报酬”“相应地，没有利润的经营对社会所做的贡献也少，也就是没有实现其原本的使命”。也就是说利润应该被认为是企业完成使命、贡献社会的报酬，“社会回馈的就是适当的利润”。

在进货原价、制造原价的基础上加一些利润销售，即加上附加值销售，幸之助认为其中有“侍奉”。从进货前的阶段就存在商品计划和生产计划的侍奉，在制造工序阶段附加了“不断努力的侍奉”。

企业所供应的商品或服务中所包含的这种努力和侍奉越多，对消费者和社会的贡献越大，从而作为收获的报酬、利润也越多。总的来说，这就是企业经营的成果。

转包企业感叹苦于降低成本无法获利，流通批发商等中小企业苦于被大型零售店压价甚至不得不负担零售店的促销费用，企业高层、管理者是时候齐聚一堂召开研修会了，讨论什么才是“适当的利润”。

带来附加价值的“侍奉”是什么？追溯企业经营的根本，弄清这一问题非常重要。虽说是侍奉，其实就是被当成原承包商和收货方的传话人。

前面也提过，工作分为“体力劳动”部分和“脑力劳动”部分。我国的国内市场的状况是，随着劳动力的减少，需求也逐渐减少。乘上经济快速成长的列车，只要辛勤劳动就能分得一杯羹的时代已逐渐终结。光靠认真努力地工作已经慢慢行不通了。需动脑筋好好思考，光想而不执行也不能取得成果。

认真做出努力之前，如何动脑筋、怎样绞尽脑汁，直接关系到创意和努力的物化形态。

因此，高层和管理者比谁都珍惜时间用心学习很重要。白天率先挥洒汗水辛勤工作，晚上好好学习。学习就是要搞清楚之前所不知道的事情。这样，才能看清以前看不清的事情。

以高层为中心，管理者、监督者还有下属如果都变得强大了，那么企业势必会向好的方向发展。这是经验之谈。

松下幸之助之所以今日依然是经营之圣，是因为他凭借认真的侍奉、汗水和智慧确立了自己独特的思维方式。那无法效仿的伟大、深度和高度使幸之助不仅仅是事业经营者，也作为思想家、哲学家、教育家活跃在各个领域。

（五）员工智慧促进公司发展

在此，引用“集思广益”这一条作为这节的总结，它也是应该践行的经营哲学。

幸之助作为经营者，始终如一地践行“集思广益的集体经营”。“经营中全员智慧发挥得越充分就越有利于公司的发展”“我之所以要集思广益，原因之一是我自身并无太多学问和知识，遇事势必就要和大家商量、集思广益地去做。不得不说是不得已而为之”，幸之助谦虚地说。如此伟大的经营者能毫不掩饰、谦虚淡泊地讲述是非常了不起的。

只不过，集思广益并不是一遇事就把大家召集起来开会、商量。这样太费时费力。“所以并不是走形式，重点是用心经营。也就是要知道集思广益经营重点是在平日里就尽量倾听大家的声音，创造员工能够自由发言的环境”，幸之助说。这看似简单，但要日日坚持却极不容易。另外，幸之助集思广益的同时，尽可能把工作交给下属，发挥他们的主观能动性，这也是践行发挥众人智慧的一种形式。

经营，无论如何集思广益也不能沦为对方本位，“说到底就是拥有自身主体性的同时，以一颗素直之心去倾听他人之言，换句话说，就是牢牢保住身为经营者的领导位置的同时集思广益，只有这样，众人智慧才能得以展现”，幸之助得出这样的结论。希望辅佐经营者的领导者也能注意这一点。

三、松下幸之助关于人才培养的智慧

（一）批评的秘诀

1. 让人易于接受的批评方法

我的笔记里有“松下政经塾讲话录”（PHP 综合研究所），其中有后藤清一（松下电器产业创业时期作为实习工入社，从 1971 年开始，十年间一直担任三洋电机副社长）记述的“全力以赴的每一天”。通过笔记可以了解到，后藤入社时的松下电器正处于创业成长期，只有两栋两层的小房子，在当地，工厂规模最小，职工 30 人还不到。

工厂里，工作大多都是给铁、黄铜等各种材料打孔、削薄、折弯之类的塑型活儿。“当时的工厂，从早七点到晚七点，劳动 12 小时。休息日是每月 1 号和 15 号，除此之外还有加班。当时我是无迟到早退地全勤工作的，一年当中只在元旦休息了两天。”

听说日本电产的永守重信社长也是全年无休地工作的，可当时的后藤既不是经营者也不是管理者，只是个底层员工。后藤热爱工厂的工作，为了熟练掌握操作技能，经常利用休息日勤加练习。他在休息日的早上使用机器，惹恼了还在二楼睡觉的幸之助的妻子，她斥责说：“大周末的，让我们睡个好觉吧！”

如此热爱工作的后藤第一次被批评，是因为有一次打完球回来，没有及时完成本应加班完成的工作。松下幸之助很生气，批评他说：“后藤，怎么连你也犯这样的错误？太辜负我对你的信任了！”被批评的后藤在《斥责经验谈》（日本实业出版社·1987 年 9 月）一书中感慨，当时对松下先生的训斥非但没有生气，反而莫名感动。

“在不断磨炼的过程中，我成为松下从车间出来的做‘店员’的第一人。当时车间从业人员是日薪制，月底发工资。而店铺的店员是月薪制，25 号发工资。”“我从今天开始也可以拿月薪了！”松下幸之助会看到那些认真工作的人，让他们的付出有所回报。

2. 批评时严厉训斥

后藤升为工厂厂长之后，发生了一件事情，被松下幸之助严厉训斥了。当时工厂里的工作是计件付酬。后藤和各工厂厂长商量后，瞒着松下幸之助偷偷地上调了包件单价。这件事很快就传到了松下幸之助的耳中，“主犯”后藤被问责。

晚上10点左右松下幸之助打来电话："你现在马上过来!"

> 松下先生当时正在和亲戚聊着什么，一看到我，也不顾有人在就勃然大怒。亲戚看不下去就相劝，但松下先生哪是轻易能被劝动之人啊！房间正中间火炉里的火熊熊燃烧着。老板一边用火箸用力敲打着火炉一边愤怒地训斥。因为敲击过猛，以至于把火箸敲弯了。老板猛地把它摔了过来，大发雷霆说："把这个弄直再回去。"最后我因贫血晕倒了。那真是一次极其严厉的训斥啊！
>
> 松下先生叫来了秘书课课长把我送了回去，并把我妻子叫到外面叮嘱一番。我后来问妻子，才知道松下先生担心我想不开会自杀，叫她整夜留意我。
>
> 天亮后，上午七点，开工之前，办公室电话响起。拿起话筒。是老板，声音比昨晚温柔了不少。"后藤吗？我没有特别的事，只想问一下，你是否还介意昨晚的事？没有就好了。"很快就挂了电话。昨晚被严厉训斥的郁闷情绪，瞬间烟消云散了，竟莫名地感动，我握着话筒呆呆地站了好久。

笔记中掺杂着后藤的感想，所以现场感不够强烈。在这部分只要跟随着后藤的心去读就可以了。松下幸之助批评人之后的举动是不是很高明!

据松下政经塾讲话录中的记录，"实在对不起，今后我一定注意”，幸之助把火箸扔给这样自责的后藤说，“这个火箸是因你而弯的，把它弄直了再回去”。看到修得笔直的铁棒，幸之助说：“果然是后藤啊，技术真不一般。比以前还好了，更直了。辛苦你了！”听到这样的话后藤竟深受感动，“满脑子只剩下被训斥后的反省”。

批评，是与批评对象间的一次真正对决，轻视马虎不得。

后藤之外，被幸之助批评过的人多如牛毛吧。幸之助对下属是很亲切温和的。批评过的人，都是值得批评的人，都是适合通过被批评的方式提高的人。

3. 挨批是“荣誉”

1950年（昭和25年）7月召开“紧急经营方针发表会”时，幸之助说：“批评、被批评会使人得到锻炼和成长。因此，批评既不是出于憎恶也不是因为轻蔑。我们是通过我们的事业在为社会做贡献。为了达成这一使命，更是出于爱护才会批评。”

> 或许有时候训斥的语言有点过激，请各位不要放在心上。对工作越是全情投入有时候训斥越是严厉，请大家彼此都不要介怀，让我们着眼于更加重要的地方！

有像后藤那样被骂得晕过去的人。也有因商品开发迟了而被咆哮呵斥的企划课长，“你设计的是哪个？你都做了什么？把之前发的薪水都还回来，全都还回来”。还对列举的数字无法解释而一筹莫展的负责经理勃然大怒，甚至因愤怒终止了董事会。也曾看到新产品的设计图而大怒，吼道“这是什么东西！递交辞呈吧！”

不可思议的是，被幸之助批评，大家不但不生气反而觉得是一种荣誉。这般被下属仰慕、充满人情味的领导者是少之又少吧。

幸之助说，用人真实自然是最好的，该生气的时候就生气，该批评的时候就批评，这就是真实的姿态。

> 我，即使和对方有过性格不合之事，也特别注意不把情绪带到工作中。总之，我任何时候都极其认真。经营失败就会流血，所以我每天都在玩命工作，褒奖也好批评也好，都是发自内心的真实感受。这样，许多人就会真心觉得这是为他好，是在帮他。

1968年（昭和43年）8月，和数学家冈洁先生在京都“真真庵”对谈时，冈先生问道：“松下先生，您是以怎样的观点来开展员工教育的？”幸之助回答：“我认为培养人才，经营者首先要有正确的人生观、事业观、经营理念。只有在贯彻这些观念的过程中才能培养出人才。”员工教育就是在贯彻这些观念的过程中进行的，这是多么有分量的话！只把经营理念作为幌子的经营者、管理者务必得好好思考这句话。贯彻经营理念才是经营者的重要工作，也就是在认真甚至偏执地贯彻过程中人才会得以成长。

（二）人才培养需要经营者充满人格魅力

培养人才首先需要经营者充满人格魅力。需要以正确的人生观为基础确定自己独特的人生哲学。自己人生的目的是什么？自己是为何而存在的，是为谁而存在的？通过这样的自问自答就能确立自己的人生观。和能与自己的人生哲学产生共鸣的人一起创业、发展事业，就会有强烈的连带感。最后，就能建立作为命运共同体的组织，并且不断发展下去。

幸之助之所以能够赤手空拳地创立自己的事业并发展到如此大的规模，就是因为他一刻也不曾忘记“人是尊贵的”这一信条。至少，他从来不把员工当成是为自己提供劳动的机械或者是工作机器。自己是为了社会、为了他人，生产家电产品的。合作伙伴就是员工，虽然员工是自己雇来的，但他们也只是社会寄存在自己这里的资源，并不属于自己，是一起为社会做出贡献的兄弟姐妹。

因此，幸之助给予员工梦想，并且向他们展示目标。同时，也不断严加鞭策。对幸之助而言，赤字是对社会有害的。幸之助训斥没有业绩的事业部长说，“想必你都不敢走在路中间吧，肯定是战战兢兢地靠边走”。

既然工作，就要齐心协力让公司盈利，按时交纳税金。这是企业最低限度的社会责任，是对允许我们在该地区开创公司、发展事业的人们应尽的义务。这个理念是幸之助基本理念中的基本。作为个人，幸之助排在全国富人排行榜的榜首，并且连续几年占据首位。也就是，一年又一年，幸之助都是纳税大户。也许对幸之助来说这不是荣誉，而是职责，是应尽的义务。

公司是来自社会的寄存物，在公司里工作的每个员工也是一样。因此努力工作回馈社会是每名员工的职责。绝不是为松下个人的公司而努力工作。幸之助一直这样认为，所以经常严厉批评没有工作热情的人，还有产生赤字的事业部长。

（三）员工、组织都需有紧张感

《实践经营哲学》中“培养人才”的部分是这样说的。

> 从个人感情来说，我不太愿意去提醒、批评人。可以的话想尽可能避免。但是，企业是以为社会做贡献为使命的公共财物，企业里的工作就是公事。所有的都不是我个人之物。所以，站在这种公的立场，对不能置之不问和不可饶恕的事情，该说的就得说，该批评的就得批评。这绝不是出于我的私人感情，是出于一种使命感而去提醒、斥责。只有通过这样严厉的斥责，对方才能幡然醒悟，在反省的过程中得以不断提高。

没有被领导提醒、批评，下属就会逐渐陷入怠慢，不思进取的安易处境。幸之助告诫说，这对领导来说虽然也是轻松的，但这样下去员工绝不会得到成长。员工和组织如果失去了紧张感，就会习惯安逸。一旦组织陷入这种圈套，想再返回以前的状态就需要花费大量的时间和精力。这和运动员一旦疏于训练，想要恢复紧张状态就需要花费大量的时间是一样的。

(四)培养人才就是"打磨"

1973年(昭和48年)2月PHP研究所发行、PHP文库2001年(平成13年)5月第1版第1次印刷的《生意心得帖》一书中"培养人才就是'打磨'"这一部分指出,"当今社会混乱(当时正是第1次石油危机的最高潮)的原因之一,就是作为社会之本的人的'培养'没有做好"。幸之助感叹,"现在的人们把道义、道德这些重要的东西都忘了。生意场中,感觉道义逐渐缺失"。

对策之一就是培养人才,为此就要先从"打磨"开始。

> 名刀,是名匠反复地对钢进行打磨而制成的。如果只把钢放在怀里温着的话只会产生一把钝刀。感觉现在在培养人才方面已经不太注重"打磨"了。

幸之助敲响这个警钟是在1973年(昭和48年),也就是40多年前的时候。但是,在培养人才方面并没有取得相应的进步,现在和当时没觉得有什么变化,所以都是需要持续不断地教育。人的内在自古至今不变,也不是那么容易进化的。《源氏物语》至今都被喜爱,就是一个证据。《万叶集》至今都被和歌爱好者青睐,是因为人内心的情绪也就是喜怒哀乐,虽时光流逝但是其中也有亘古不变之处。

(五)善于批评的十要诀

在本节最后,我将从松下幸之助著作中学到的擅长批评的要诀,加上自己的经验进行总结,归纳为"善于批评的十要诀”列在图 3-1。

第 1 条　批评的时候要严肃认真。
⇒为此需做充分准备。要根据批评的内容充分做好理论武装。

第 2 条　就事论事。不针对个人。
⇒只看事实。不能臆测。并且严禁“你平时有些地方就很散漫”“你平时就只顾自己”“你平时就一人专制”之类的话

第 3 条　违反规则、背离基本原则的错误，在众人面前大声斥责。
⇒不遵守规则、无视规定的行为，为了守护职场同时也是为了教育其他人要提高声音斥责。不安全行为、违反职场纪律、有悖伦理观的言行应严厉告诫。

第 4 条　对于本人能力不足导致的失败要私下批评。
⇒本人努力了却失败了，这也是没能认清其能力的领导者自身的责任。为了不再失败要彻底进行 OJT。

第 5 条　本人已经自责反省时就不要再穷追猛打。
⇒当本人已为自己的失败悔恨沮丧时再批评只会起反作用。倒不如给予安慰表达同感，并和对方一起讨论、分析失败的原因，争取以后不再发生这样的事情。

第 6 条　批评时不带私人憎恶。
⇒批评是指导帮助对方。如果带着私心批评，那就不是批评，是整人，是威胁。领导者务必注意不能这样做。严禁把私人感情带入职场里。

第 7 条　批评之后不要纠缠不清。
⇒批评过后就要忘记这件事。如果不这样做就会和被批评过的下属产生隔阂，影响今后的人际关系。一定要清楚知道批评是身为上司的非常重要的一项工作。

第 8 条　别忘了批评的前一阶段要有教导、警示。
⇒平日里有没有教导下属？教导后仍不改正就就需要警示。如果还不改正再批评。批评并不是件简单的事儿。所以，不会批评的领导者是无能的。

第 9 条　批评是为了让下属更好成长。
⇒只批评值得批评的人，确定通过批评可以让其获得成长。如果不是这样则只是徒劳。徒劳就会产生疲劳。对不适合批评教育的人要采取别的指导方法。

第 10 条　批评过后不要忘记跟进。
⇒批评过后如果有很好的跟进，那么被批评的下属就不会产生怨恨之心，不但不会怨恨反而会心怀感激。严肃认真地批评的领导者一定会进行必要的跟进。

图 3-1　善于批评的十要诀

四、以人为本的经营

（一）经营是与人打交道

我经常参加各种松下幸之助的研究会，越学习越确定的是，幸之助是终生实践以人为本之经营的人。

经营结果就是一切，而决定经营结果的是数字。许多经营者认为，不能以数字表示的结果不叫成果，是徒劳。因此，许多经营者倾向于追求数字。然而，数字最终只不过是数字。重要的是使用数字的是人。如果看重数字，面对数字之前就必须先面对员工。生意也是如此。决定生意的虽然是数字，但本质上是人与人之间的信赖关系。

在拿到数字结果之前要做之事就是与人打交道，尊重对方。产生结果的向来都是人。因此，认真倾听各种各样的人的想法，提出方案，能够放手让下属去做的充分放手，需要跟进的事无巨细地跟进，让本人得出结果。被信任的人，不会做让信任他的人不安的不靠谱的事情，只会为了得出结果而拼命努力。

（二）员工是梦想的实现者

松下幸之助是对员工管教极其严格的人，后面要讲到的稻盛和夫先生也是如此。他们批评的时候会毫不留情。尤其是对责任重大者、充分信赖的人，批评起来更是不留余地，但是从未让对方心生怨恨过。他们只批评值得批评的人。批评的时候，虽然措辞激烈苛刻，但其实是宝贵的指导机会，也是一种教导方式。

正是因为构成组织的人是形形色色的，所以既有在性格上与上层领导者无法相容的人，也有经营理念不一致的人。和这样的人必须划清界限。这和政界是一样的。持不同主张和政策的人是无法同处于一个政党的，如果在根本上就无法达成共识，一开始就成为政敌也是正常的。

追随幸之助的人，都赞同幸之助的生活理念和思维方式，为了实现幸之助设定的目标而不断努力。即使如此，人是各不相同的，幸之助在用人方面也肯定煞费苦心。但幸之助不以用人为苦，而是通过工作持续不断地培养人才。那是因为他承认并尊重每个人应有的尊严。

那些得到尊重的人，为了回应回馈幸之助的期待，在各自的岗位上拼命工作。一个人被认可、被信赖、被委任，应该不会轻易做出背叛的事儿吧。当然这世间也会有偶尔的例外，这偶尔之事世间到处都有，也是没有办法的。

幸之助说，企业发展到自己一人无法管理的规模的时候，就必须对员工有“拜托了”“请求你们”的恳求之心。处于“看着我”“跟着我”这样带头示范就能搞定的规模，身为经营者反倒轻松。然而，幸之助先把身边的人培养成自己的分身，然后那些分身又继续培养分身，这样组织就迅速成长扩大。公司里诞生了几十几百个“松下幸之助”。松下电器就是这样发展起来的。

以人为本的经营会产生几何效应。因此，领导者在看数字之前要先读人心。

（三）经营的中心是“人”

我认为日本式经营和以人为本的经营是表里一致的，因为我坚信那是企业成长和发展的根本课题。忘记以人为本的精神，一旦经营数字恶化，管理阵营为了分担痛苦都会募集希望退职者。为了削减人力费用，那些把正式员工变为派遣员工，提高兼职员工的比例的企业，不管是现在还是将来都能够真正健全发展下去吗？采取这种简易方法的大型制造厂和餐饮业巨头，真能长远存续下去吗？长远考虑，必须改变这种把人力当作成本的人事政策。我想，那些忘记培养人才、采用简易劳务政策的企业，不论其规模大小，都是无法维持健全经营的。

以人为本的经营，就是要把人置于事业的中心，是一种始于人终于人的经营。要把人放在经营的最中间。这不是理所当然的吗，为何还要再提出来？也许会有人批评我，但经营之所以不顺利就是因为没有将理所当然的事情自然而然地坚持下去。

也许有人会反驳我，以人为本对经营者来说是理所当然的常识，可真正持续给予员工梦想的经营者又有多少呢？就像幸之助所说的，“要有万不得已之时能为下属去死的觉悟，这非常重要”（《发现经营的秘诀　价值 100 万》PHP 研究所 · 1975 年 3 月），这种精神是不是真有呢？

以人为本等是极其平常的，但经营者的真正本性，员工们是能够知道的。也正因为员工了解了经营者的为人，才会钟情地追随他，甚至其中有人衷心仰慕，不离不弃。

（四）丰田的坚守

日本第一的公司——丰田汽车，从 2011 年（平成 23 年）夏天到年末经历了低潮。2008 年（平成 20 年）9 月 15 日雷曼冲击之后的 2009 年（平成 21 年）到 2010 年（平成 22 年），新型普锐斯在驾驶中出现了意外加速事故，以美国市场为首出现了大规模的召回事件。刚告一段落，2011 年（平成 23 年）3 月 11 日又发生了东日本大地震。许多人还挣扎在灾难之中，丰田已经全力以赴致力于恢复生产。生产刚刚步入正轨，同年 7 月至 10 月泰国发生大洪灾，当地工厂遭受重大损失。一连串的灾难重创了以丰田为首的不计其数的企业和员工，甚至其他日本国民。

然而，对于坚守国内生产、决心守护员工和一系列关联企业的丰田来说，最致命的还是日元大幅升值。2010 年（平成 22 年）8 月日元汇率为 1 美元兑 83 日元，到 2011 年（平成 23 年）末上升至 1 美元兑 76 日元。我们看一下丰田的东证股价以做参考，在 2007 年（平成 19 年）2 月 27 日时创下了每股 8350 日元的最高值，到 2011 年（平成 23 年）11 月 24 日跌到了每股 2330 日元的最低值（跌幅比例为 72.1%）。

2011 年（平成 23 年）的确是灾难之年。在这样的状况下，社长丰田章男在 2011 年（平成 23 年）8 月 21 日，面对日本经济新闻社的采访时表述了竭尽全力应对日本制造业空洞化的决心。同年 8 月 22 日该报纸上刊登了丰田社长的话，“日本是孕育先进技术、培育人才之地”，传达了丰田上层对技术和人才养成的决心。“执着于国内生产并不是只从感情出发。

因为日本本土的人才、零部件供给网络（supply chain）等这些最基础的是位于世界第一的。日本国内是产生尖端技术之地，也是指导海外工厂之据点。要在全球化竞争中胜出，日本本土必须有技术现场。”在如此严峻的形势下，身为责任者做出了振奋人心的发言。日本国内生产的汽车达到 300 万辆，“必须守住这个数字”，这个发言给国内的员工、国内的汽车生产厂家带来了信心。

在那之后的电视节目中，丰田社长也说“哪怕啃石头也要坚守雇佣”，展示了强烈的以人为本的姿态。只是，“现在的日元升值总会有个界限，希望政府能认真解决日元升值问题”，对政府提出了极大的期望。同时，敲响了警钟，丰田如果倒下，日本国内的制造业将会全军覆没。这是企业才有的以人为本，一种日本式经营。

（五）造物即育人

丰田顶层坚守保障雇佣的信条，也是吸取了 1950 年（昭和 25 年）的丰田争议的教训。

1949 年（昭和 24 年）日本开始实行道奇计划（Dodge Line），金融收紧，一直到 1950 年，以制造业为中心有 1000 家以上的企业陆续倒闭，产生了 50 万以上的失业人员。

丰田在 1949 年（昭和 24 年）12 月与劳动工会组织签订了减薪备忘录，志在坚守雇佣，第二年公司却陷入了不得不对人员进行整顿的窘境，1950 年 4 月公布了公司再建方案，其中包含 1600 名退职申请者。对此，劳工组织表现出了极大的不满和不信任感，与公司形成了根本的对立。因此，6月，除了一名负责人事劳务的常务董事以外，社长丰田喜一郎及旗下的所有干部全体辞职。7月，退职申请者达到1760人，甚至超过了录用人数。社会陷入萧条的深渊，没有任何希望，尽管如此，退职的申请还是超过了录用，这是因为大家都对公司的未来绝望了。

就这样，为期两个月的丰田争议落下了帷幕。1950年（昭和25年）7月的临时股东大会上，石田退三就任社长，丰田英二作为技术的最高负责人加入了常务董事会。正在此时，朝鲜战争爆发，来自在日美军的军用卡车特需订货帮助丰田摆脱了危机。

丰田争议的教训使得丰田下决心要贯彻以人为本的经营。具体来说，就是产生了坚守雇佣的DNA。

丰田社长奥田砚先生，在会见中也提到要坚守长期雇佣原则。

接任奥田先生的张富士夫社长在2004年（平成16年）曾经这样说道："对于天然资源稀缺的日本，人才是唯一的资源，今日日本的繁荣是靠人的智慧和技术，换言之没有技术是不可能实现的。21世纪人才依然是我国最为宝贵的资源，这不会变；物是由人创造出来的，这也不会变。持有共同的基本理念、切实掌握技术成为引以为傲的专业人士，进而齐心协力制造产品，才能生产出让顾客满意的品质优良的产品。制造产品的企业，首先培养出这样的人才是重要的。"（"日本经济新闻"2004年8月2日号）这个以人为本的精神，让我想起幸之助的话，“造物即育人”。

(六) 重视人的经营

丰田把“重视人的经营”作为一项重要的价值观，这从“丰田的企业理念”中的第五条就可以看出，即“以劳资相互信任、共同承担责任为基础，创造最大限度发挥个人创造力和团队合作优势的企业环境”。丰田争议中辞任的喜一郎先生再也没有复任社长，抱憾而亡的教训让丰田一直坚持以人为本的经营理念。

持续保障员工的雇佣是件非常困难的事情。为此，企业必须不断地成长、发展。可以说成长、发展就是企业的使命。没有健全的成长与发展，雇佣的保障是不可能实现的。

企业的生存不断受到外部环境变化的影响。既有风平浪静，也有惊涛骇浪。船如果从正侧方遭遇风浪就会翻船。所以必须迎着风浪不断航行。

越过风浪好不容易达成目标，又必须朝着下一个目标继续前进，这是企业的宿命。不前进就不会有成长。停止前进就会衰退。一旦衰退，雇佣就无法保障。以人为本的经营也就变成一句空话。

(七) 再次追问人的尊严

《PHP Business Review 松下幸之助塾》在 2014 年 3、4 月号上有“以人为本的经营”特辑。

在特辑一开头就论述了时代的变化，“全球化不断加剧，

IT 技术迅猛发展，整个世界都‘透明化’起来，政治经济领域越来越重视合理主义”。担心这会给工作和人带来怎样的影响，认为受欧美合理主义的影响产生的“裁员”“成果主义”等也已经在日本扎根了。并警告说，“的确，有时候据‘理’判断，该裁的就裁，决定薪酬都是必要的，但是，如果只把人简单地用‘数字’‘物’来衡量的话，那就有可能变成就像丢掉垃圾般的非人性的经营方法”。把人当作数字的工具，当作提高效率的手段，这些都是不容许的。事实是有些劳动现场出现过这样的风潮。人的尊严是什么？回首失去的 20 年的日本，现在必须再次追问的现实也是如此。

（八）对人的看法全世界一致

在“经营的国际化”这个词语开始四处盛行的 1982 年（昭和 57 年），我想引用幸之助在某杂志上的论述。“日本式经营正被国际上重新认识。对其是否适当的议论非常盛行，在我看来，经营也好工作也好，只要是人，不分日本还是外国，都是相同的。……而且，只有认为是相同的，才会有好的经营的根本。虽然生活习惯、风俗等各不相同，但作为人的基本的东西应该都是一样的。松下电器在 30 个国家都有工厂，有几万名外国员工。这是身为经营者的我的真实体会。”对人的看法、想法、对待方法是具有普遍性的，是全世界一致的。即，幸之助断言在 30 个国家实行日本国内实践的日本式经营，只要以诚相待，不可能行不通。其核心是“重视人，这是根本。如果有所谓的松下主义，那就是重视人，除此之外别无其他”，幸之助如此陈述自己的信条。

幸之助所提倡的集思广益的经营，可以说是从“重视人”这个基本理念推导出来的。人各不相同，都有自己的个性，都有各自的优点，所以汇聚所有人的智慧十分重要，也就形成了集思广益的经营。以人为本的经营本质正在于此。

（九）组织是育人之所

“人是未经加工的金刚石”，就看在组织中如何打磨。原石如果不打磨永远只是块普通的石头。一个人无论多有才能，多有天分，如果不对其进行教育，绝不可能成为人才，不能成为不断创造附加价值的人才。

公司是培育人的场所。有着相同目的的人聚集在一起，人人都有贡献精神，团结一致地工作，通过互相沟通交流紧密连接在一起，这样就形成了组织。组织是人存在和工作的场所。集团是即使没有工作，只要有人聚集，无论有没有目的都能成立。组织可没有那么简单。

组织通过教育培训和相互启发培养人才。组织的参与者都各自负起职责，分担工作，协同工作。承担工作，就需要通过OJT，学习相关知识，提高技术、技能的水平。前辈指导后辈，通过相互启发、切磋琢磨，进而自我启发，提高自身能力。组织是育人之所，最终结果是组织能把平凡之人打造成非凡的人才。

（十）人间宣言比人权宣言更重要

《PHP Busincss Review 松下幸之助塾》中还有“松下幸之

助经营问答”。

其中有一个提问是：“我认为若要强化组织就得牺牲个人，要是个人的个性得到充分发挥，组织的约束力就会削弱。要使公司更为强大，个人和组织应该哪个占更大比重呢？”对这个问题，幸之助是这样回答的：“人是第一位的。”人被轻视的组织不是好组织，所以必须以此原则作为思考和判断事物的出发点。

幸之助还提及了自己经营的根本，“必须把人放在最主要位置。偏离这个中心，所有问题的思考都会步入邪道。人是一切事物的中心，思考所有问题都应以此为基础。这样，事情会变得顺畅起来。”幸之助对经营的判断，至今未曾被人指出过错误，根本的理念从未动摇过。以人为本的经营，一直深深地印在幸之助的心底，这在以下的话语中也能充分印证。

> 我认为必须发表一个人间宣言，宣称人是主位的、人是尊贵的。比起人权宣言，人间宣言更有必要。无论发生什么事情，都必须把人置于主要位置。感觉必须把这当作哲理。

接下来我从同杂志“松下幸之助的以人为本经营　培养人才是企业的社会责任”这一项里，来引用幸之助《活用人才的经营》(PHP 研究所）中的如下话语。

> 经营也好，销售也好，最终都是人所从事的。既

> 然是人从事的，经营或者销售离开人就无从考虑。换句话说，以人为中心进行思考，以人为主体进行思考，这是极其重要的。有人才有经营。所以首先必须思考人是怎样的。要想做到好的经营，就得先讨论人的优点。

该杂志在这一项的最后这样结尾，“把员工培养成优秀的社会人，这是企业的社会责任。幸之助的以人为本的经营的背后，潜藏着这样伟大的使命感”，再次确认和强调了以人为本才是经营之关键。

（十一）自掏腰包才能成为下属钦佩的领导者

以人为本，这句话在做企业诊断和经营咨询的时候，中小企业的经营者经常说起，耳朵都要起茧了。那么，若问起在经营实践中有没有在执行呢，大部分时候都得打上问号。虽然说比不说强，但如果不实践的话还不如不说的好。员工时刻注视着经营者的一言一行，很容易就被识破的事还不如不讲。

从不把以人为本挂在嘴上的独裁社长，也有能取得出色业绩的企业。最怕的是对外辞藻华丽的人。这种人对内、对自己宽松，对下属严厉，这是经常见到的。上层领导也好，中层领导也好，都是一样的，获得下属的共鸣很重要。进一步说，就是成为下属所钦佩的人。

业绩上不去，不能给员工加薪的上层领导者，自己也得甘于过朴素的生活、时时节俭。有时候，为了一扫公司内部低迷不振的氛围，略表心意请大家喝酒，这也很重要。这里需要注意的是，一定得是自己掏钱。自己不坐上座，不要过于显眼。掏钱方法也要根据预算，因为有人会缺席，所以向出席者象征性地收一点点会费，剩下的全部由自己负担。因为是业绩不好的公司，所以务必记得不能从公司账目里拿钱。

我认识的一位工厂的社长，虽然经营一家业绩很好的公司，但员工一起吃饭喝酒时从来不用公司的钱。他自己从不参加喝酒聚会，却会自掏腰包承担一半费用。这种行为连没有参加喝酒聚会的员工也知道，所以在公司内部没有人顶撞社长。

中层经理，因为有房贷、孩子教育费用等家庭负担，虽然许多人的零花钱大为减少，但至少可以请加班的下属偶尔喝杯罐装咖啡。和下属一起出差时，AA 制就餐之后最好有请下属喝杯咖啡的钱。吝啬、从来不掏腰包的上司，是不会受到下属欢迎的。

人际关系是依“理”和“情”而建立起来的，虽然组织中有迫不得已要依“理”交往之时，但是将其转化成依“情”来处理也是可以的。如此，就是把“理”看成正式的官方交往，把“情”看成个人的私人交往。

多说一句，上司绝不可以为了自己的前途和利益利用下属。如果不遵守这一原则的话，这个人不但“臭不可闻”，作为领导者也是失职的。按以人为本的经营理念来衡量的话，是走歪门邪道的人。

（十二）上层的方针是给下属的挑战书

注重以人为本的领导，教养方面也必须在下属之上。人性恶劣的领导者是无法让出色的下属心服口服的。人品、教养、人格方面不在下属之上的上司，只能通过表面上的权威、权力、地位等来控制下属。对于一个人来说，这其实是寂寞的。无论怎么强调领导者要注重以人为本，对于不能充分理解人性的浅薄之人，还是很难与之坦诚相对的。

当然领导者有其必须达成的目标。顶层领导作为公司的最高负责人，身负重任，要承担提高包括自家公司在内的相关利益集团的收益的责任。另外，还承担着对国家和地方的纳税责任。同时，股东、工会、金融机构等都极度关注企业的业绩。

不能对员工只说些乐观的虚言。必须制定坚定的方针，让员工为取得成果而不断迎接挑战。只是，这涉及根底里有没有“以人为本的经营”这种领导者的哲学。员工也会想着如果没有成果，自家公司就无法存续。为了回应下属的这种心情，顶层必须拿出挑战书。挑战书就是顶层的方针策略，也是希望下属务必实现的目标。

中层领导肩负支持上层，汇集部门、课室的资源，拿出具体成果贡献社会等利益管理的责任。企业能不能成长与发展，中层领导起着至关重要的作用。有没有能干的中层领导，企业的业绩会有天壤之别。

为了取得成果，就要贯彻执行实力主义、成果主义。对这个取得成果的系统的定位，是个人本位还是团队本位，这个问题必须好好考虑。虽然个人自由定夺余地大的开发、营业部门当然是重视个人，但是对于生产现场、事务部门等需要团队合作的部门来说工作部署中按团队分配的比重较大。在团队中，有必要明确设定个人需要实现的目标和需要团队共同完成的部分。个人总和加上附加部分就是团队所要实现的。

与个人不同，团队有另外一大作用，即团队协作带来的几何效应。超越个人能力的集团效果这种能量存在于团队合作当中。激发这种能量就是领导者的工作。下属是拥有各种各样特殊才能的人。对这些人，首先激励个人取得成果。其次从团队出发，为了团队取得好的成果每个人会努力提升，取得更好的成果。达到这两种效果就是领导者的职责。阻碍团队发挥作用的员工，必须通过 OJT 提升能力。

（十三）领导者应具备的以人为本理念

领导者应该注意的是，在部门内不要从正面去煽动个人间的竞争。竞争中获胜的人倒还好，失败的人往往会走向反面去欺负比自己还弱小的人，这种事情在职场很常见。这会让职场变得阴暗。充满阴暗氛围的职场，领导者要发挥领导力真是难上加难。

不存在没有竞争的职场。重点是如何去竞争。竞争如果偏向个人，人际关系就会僵硬，背地里就会发生欺负弱者的事情。领导者必须营造能够公平健康竞争的职场。因此，首先领导者自身必须光明正大。

领导者得首先提升自己的精神境界，舍弃自我本位的想法，拥有一颗为他人尽心尽力的利他之心。这种心理一定能传递给下属和周围的人。这种心理也是让职场能量倍增的源泉。因为在领导者心底有以人为本的精神。

第四章

向稻盛和夫学习领导力

一、稻盛和夫与松下幸之助的邂逅

（一）松下幸之助提倡的“水库式经营和合理经营”

1965年2月，松下幸之助在仓敷国际酒店举办的关西商界研讨会上，做了以“水库式经营和合理经营”为题的演讲。他认为，产业界常见的借款经营和信用膨胀（票据交易额扩大与清账期限的延长所产生的弊害）就是一场泡沫繁荣。这一点，从当年的不景气所暴露出的日本经济脆弱现象中可见一斑。

松下幸之助提倡的水库式经营，强调了用自己的资金，以自立自主的方式来经营的重要性。

在1976年1月日本经济新闻上连载的《我的履历书》中，松下幸之助写道：“我已经到了应该转型为从容安定的经营姿态的时候了。其中一种经营方式就是水库式经营。”“大量降雨时，若雨水全流入河里，任由河水泛滥，就会引发洪灾。但若将河水引进水库，视情况而放流，则不仅能防控洪水，还可以在干旱时防止河水断流。这样，雨水就得到了有效利用。公司的经营也是一样的道理。也就是说，经营也需要水库。”

松下幸之助想说的是，我们必须正确认识水库式经营的意义。充足的人才、设备、资金、库存储备能够使我们从容面对社会大环境的变化。他认为，顺利“转型为健全的高利润经营姿态”，也会为社会带来真正的安定和繁荣。

敢于直面大环境的不景气，松下幸之助为产业界千疮百孔的“借款体质”敲响了警钟。与日本同为二战战败国的德国，也是一直将堤坝经营，即充实自有资本放在重要的位置，甚至比日本更为重视。

松下幸之助想提醒我们的是，在泡沫经济崩盘、通货紧缩经济到来的30年后，以大企业为中心，产业界将会极大地受惠于重视自有资金比率这一举措。在当时反复借款、赊欠货款、票据交易等信用交易膨胀的状况中，松下幸之助能够提出沿用至今的经营策略，不能不说是颇具慧眼。

当年坐在台下倾听松下幸之助演讲的听众之一，就是1959年创立京都陶瓷株式会社的稻盛和夫先生。他曾经这样说起当年有幸听到的那场演讲。

20世纪60年代后半期，我曾得到机会去听日本最受尊敬的企业家之一——松下幸之助先生的演讲。那次演讲的主题是水库式经营。

松下先生说，水库总是维持着一定的储水量，经营公司也是同样的道理，必须时刻做好储备。

在提问环节，有一位听众发问，他很赞同松下先生的想法，但是自己却苦于没有多余的资金，如何才能建立企业储备呢？松下先生表示，他也不知道答案。但是，请务必牢记企业储备的重要性。当时，台下的听众们发出了笑声，但是，这番话却让我感触颇深。(稻盛和夫著《通往成功的热忱》，PHP研究

所·1996年，PHP文库·2001年1月)

在场的其他听众因为松下幸之助没能给出答案而发笑，但是同样的语言却让稻盛先生从心底产生了共鸣。当时，正值京瓷创立的第六个年头，稻盛先生还是一个刚刚起步的中小企业经营者。

(二) 真正的理解者

稻盛先生说:“拼尽全力去实现心中的强烈的愿望，就能打破困境成就事业。”达成目标的第一步，就是心中抱有“强烈的愿望”，之后就是付诸行动去实现它。

从松下幸之助的演讲中，稻盛先生学到了这样一个道理:无论发生什么事情，首先务必要坚定信心。只有深信不疑，一个人才会为之去努力。所有的行动都是由意志来决定的。坚信自己一定会成功的稻盛先生，最终成为日本经济高速成长期最伟大的创业者之一。

日本具有代表性的成功企业家，几乎都是从战后混乱的日本经济中站起来的，并且实现了令世人瞩目的飞跃。经济进入高速成长期，既存企业的基盘不断巩固，新的创业者要想在市场中分得一杯羹，其难度可想而知。

稻盛先生是一位不可多得的领导者。因此他才能在经济高速成长期果敢创业，并且一路将京瓷发展壮大，屡获成功，最终将其发展成世界级大企业。盛和塾中聚集了无数仰慕稻盛先生、希望获得指点的经营者，这都是源于稻盛先生有极高的人格魅力和从不服输的积极的思维方式。

稻盛先生被松下幸之助的观点深深吸引并产生了浓厚的兴趣。优秀的经营理念，或许只有具备同样优秀领导力的经营者才能真正地理解。

卓越的经营理念不会过时，没有新旧之分。即使这位经营者已经去世，他的经营理念也同样适用于当代，会被后人 代又一代继承下去。因为，人类的本质是不会改变的。

纵使时光流逝，真正从内心理解松下幸之助的经营理念的人，会让松下先生的思想以新的形式继续传递下去。同样的，稻盛先生的经营理念，也一定能永久地传承下去，熠熠生辉。

松下幸之助和稻盛先生的人格魅力、生活态度、思想理念会永远地被人们铭记。因为它们是社会所追求的。

松下幸之助的水库式经营理念让稻盛先生深切感受到：在经营的过程中，如果想要做成一件事，首先要有强烈的无论如何一定要成功的信念，这样就一定能找到实现目标的途径和方法。

那场演讲的听众有很多，但是真正理解了松下幸之助思想的，恐怕只有稻盛先生一人。

（三）稻盛和夫的人格魅力

在这里，我们来谈一谈企业经营者的伦理观。战后灿若繁星的新一代经营者当中，光芒最为耀眼的，非京瓷创始人稻盛和夫先生莫属。

当时，稻盛先生是在“一没地盘，二没资金”这种一无所有的状态下，毅然辞去工作，创立了京都陶瓷株式会社。

经营者究其一生都在追求“人格魅力的提升”。经营者的一生，也可以看成是通过事业不断提高人格魅力的过程。

接下来，我想引用我在 2008 年 12 月出版的《领导力的本质　从松下幸之助身上学到的经营理念》（三惠社）来论述稻盛先生的人格魅力。

2005 年 6 月，时任京瓷名誉会长的稻盛先生辞去董事长的职务，并将 6 亿日元的离职慰问金全部捐出，一时间引起极大的社会反响。我认为这正是稻盛先生才能做出来的事情。其中的 4 亿日元用于稻盛先生的母校鹿儿岛大学新设立的“稻盛经营技术研究所”，余下的款项也都捐给了海内外的大学和研究机构。

稻盛先生在《稻盛和夫自传》（日经商业人文库・2004 年 9 月）中写道，个人、社会、国家，“都有着各自的命运”。命运并不是注定的，“一个人的思想和行为，决定着人生的变化。佛家有因果报应之说，一心向善，从善如流，就会为自己种下善因，事物会朝着好的方向发展”。

身处逆境时，可能你做了很多好事，但可能没有马上得到善果。但是，从几十年的漫漫人生长河来看，行善积德必将得到回报。而身处顺境中，即便是站在人生的巅峰，也不可忘却谦卑之心。狂妄自大只会自取灭亡。人生波澜起伏，无论遭遇什么样的困难，都不要怨天尤人、悲叹消沉，用积极乐观的人生态度去面对，脚踏实地地继续努力。对命运要时常抱有感恩之心，积极向上的进取之心会为你拓宽前方的道路。这是我，一个即将踏入古稀之年的人切身体会到的。

稻盛先生的这番话，令我们反省，也给予我们勇气。以这样的心态去对待经营的话，既不会发展过猛，也不会跌大跟头。

（四）经营者的利己主义膨胀是企业倒闭的根源

《日经投资》2007 年 12 月刊曾经登载了稻盛先生的一篇演讲稿，大意是：经营者的本质就是为社会做出贡献。奉行利己主义的经营者只会毁掉企业，自己也晚节不保。这是稻盛先生于 2007 年 5 月 16 日在东京证券交易所的东京 Mothers（相当于中国的创业板）上市企业家的集会上发表的演讲。

京瓷在创业（1959 年）10 年左右时，已经积累了几十亿日元的利润。而当时稻盛先生的年薪只有 300 万日元。这是稻盛先生废寝忘食、呕心沥血地工作所得到的报酬。即便月收入是 1000 万日元，年薪也只不过 1.2 亿日元。拿再多的薪酬也是理所当然的。一旦有了这样的想法，企业的经营状况走上正轨后，经营者就很容易从一个为了员工和股东们努力工作的人，变成只关注个人得失的人。这就是利己主义在作怪。

之后，京瓷即将在大证二部上市时，各大证券公司都希望稻盛先生能够选择自己作为主干事，于是纷纷劝他：上市对于创业者来说是获利的好时机，不如抛出手中的一部分股票，并且发行新股。这样，年薪只有几百万日元的经营者就能有几亿日元的收益。

稻盛和夫视这些话为“恶魔的耳语”。他表示：“抛出手中的股票，变成一个有钱人，不是我的行事风格。”稻盛先生打算将超出票面额的金额统统纳入资本金，以充实公司资金为目的发行新股。对此想法表示高度赞赏的证券公司，被京瓷选为了上市的主干事。稻盛先生手中的股票一股都没有流入市场。

人们在手中握有权力时，很容易产生“一切皆是我的功劳”这样的想法。这种情绪会使利己主义更为膨胀。但是稻盛先生却认为：“我只是偶然创立了京瓷公司，然后当上了这家公司的社长而已。”言外之意，京瓷并不是非我“稻盛和夫”不行，如果其他人能承担这一责任，稻盛先生会毫不犹豫地卸任。

稻盛先生的生存之道是：“切莫将自己的才能私有化。上天让我们来到这个世上，就是让我们将自己的才能为世人所用，为社会所用。”此话颇具禅意，和普通人已经不在一个层次。如果才能只为自己谋利，那就会遭到报应。因此，稻盛先生毅然走上与利己主义做斗争的人生。

创业者通常都具备超出常人的才能和努力，建立起一家实力强厚的公司，实现骄人的业绩。但即便这样，在经营的道路上也还会屡遭挫折，这是为什么呢？创业者大多积极进取，好胜心强，同时，欲望也超出常人。这种人心中的利己主义思想一旦觉醒的话，就会无限膨胀，唆使其做出不可想象的事情。

针对这一点，稻盛先生对经营者们有以下这番告诫。

“一定要认识到，在我们的内心中同时存在着良心和私心。”在这两种心态的相互斗争中，最终被私心所支配的人将会晚节不保，企业破产，人生一败涂地。

经营者必须将自己心中的利己思想（物欲、名誉欲、色欲等）抛在一边，始终以奉献自我的精神去守护企业。也就是说，没有自我牺牲精神的人，是无法将企业维持下去的。稻盛先生的这番教诲，实在难能可贵。

如果经营者能够始终践行这种原则的话，那么至少公司内部不会做出违法的事情。

伊藤忠商事前社长丹羽宇一郎在日经论坛“世界经营者会议”(2002 年 10 月 28 日）中发表演讲说:“经营者要想调动员工的积极性，首先要抑制住自己的私欲。”但是，抑制人性是一件痛苦的事情，不能无止境。因此我建议经营者在就任一段时间后，将自己的位子让给后人。我在就任社长时就曾宣誓:“干六年就辞职!”这是因为我觉得它是我抑制私欲的极限时间。

与利己主义做斗争是如此之难，知名的经营者深谙其中的道理。

(五）企业的丑闻从“谎言”开始

同时，企业也可能做出违法的事情。在此，我想参考《日经投资》2007 年 12 月刊，以石屋制果为例，探讨这个方面。

石屋制果出品的“白色恋人”是享誉日本的北海道特产。石水勲前社长热心于当地的公共事业，身兼多项公职，是一个通过自身努力终获成功的典范。但就是这样一个公司，却被曝光了严重的产品质量问题，因为调整库存将规定为“自生产日期起的四个月”的保质期延后了一两个月。

2007 年 8 月盂兰盆节的时候，知情人员向札幌市卫生站汇报了此事，石屋制果也公开承认此事，之后社长被迫辞职。

“白色恋人”是一款将巧克力夹在饼干中的点心，据业内人士说完全可以存放六个月。那么为什么石屋制果的这件事会最终成为轰动全社会的丑闻呢？因为他们对顾客“撒谎”了。作为知名度极高的北海道当地的代表性知名糕点企业，自然肩负了重大的社会责任。就是这样的知名糕点，背负着谎言在市面上销售。

稻盛先生早在 2002 年 10 月日经论坛“世界经营者会议”上发表的演讲中就曾一针见血地指出，经营者必须反复学习“正确的为人之道”，时常保持客观与理性。运动员如果不坚持每天锻炼的话，就难以保持强健的体魄。同理，经营者也一日不可懈怠，否则就会沉沦堕落。如果经营者自己不能遵守这些简单的规则，也就无法让员工去遵守，这样的企业就会出现丑闻。因此企业亟须构建规避危机的完善的管理系统。首先，作为企业领导者的经营者和管理者要彻底遵守诸如“不准欺骗”“不准撒谎”“必须诚实正直”这样最基本的规矩，然后再让员工们遵守，这样才会持续有效。

稻盛先生关于“活法”的基本观点，是在石屋制果的丑闻被曝光的五年前发表的。尽管如此，经营者的生存之道没有在石屋制果得到实践。这些经营者和管理者全都败给了私欲。

在物资匮乏的时代，在糕点还可以食用的时候就将其作为变质品丢弃，这件事本身就有问题。按照这一逻辑，在最开始就将保质期延长应该就不会出现问题了。为了强调糕点的美观和新鲜而缩短保质期的做法是不妥的。在风味和口感都没有变化的时候，即便是要稍微延长些时日，也应该诚实地将保质期标注出来。

石屋制果创立于 1947 年，创始人之子石水勲前社长于 1967 年入社，并于当年决定开始生产杂粮点心。想必当初也是每天被批发商各种压价，经营上渡过了一段相当艰难的时期。为了“致力于自己决定售价”，石屋制果开发了“白色恋人”这一产品，并将其打造成热销商品，从此确立了它不可撼动的北海道特产的地位。

石水社长好像也未能幸免地向私欲低头。从石屋制果的员工待遇也能看出。听说，石屋制果为了提高经济效益，牺牲了本应给予员工的待遇。

根据《日经投资》的报道，石屋制果要求员工将在工厂穿着的工服带回自家清洗，将员工食堂改建为仓库，此外，由于人事管理的不合理导致离职率也居高不下。在生产管理方面，现场操作和组织管理都不尽如人意。

丑闻并不是某一天突然发生的。经营者日积月累的私欲最终会在公司内部的某个角落彻底爆发。只能说是自作自受了。但是，丑闻曝光后，社长引咎辞职，而一直认真工作的员工又将何去何从？被解雇的员工又有何保障？他们的家人又由谁来照顾？

将糕点打造成地方特产确实是很难得的。重新开业的“白色恋人”店铺刚一开店，顾客就排起了长队，门店只能限制了每人购买的数量。

2008 年 1 月中旬，我来到大垣市的一家煤气公司参加两天一晚的管理者进修班，住在市里的一家宾馆里。那天下午三点休息的时候，有一位从北海道来的进修者，带来的特产就是“白色恋人”。

确实是每人限购两盒，他将这两盒珍贵的点心带到了进修会场，大家一起分享，非常美味，难怪会十分畅销。

因此，我想代表消费者（粉丝）说一句：“经营者，踏踏实实走下去吧”“不准欺骗”“不准撒谎”“诚实正直”，这些才是组织管理者必备的最基本素质。

（六）松下幸之助坚信的人生成果

言归正传。松下幸之助曾说过，人生的成果就是“能力×决心”。为了提高员工能力，从新员工培训到各层级进修，再到专业进修，企业花费时间进行教育投资。员工个人也进行着自我激励。双方面努力的几何效应使每位员工的工作能力得到了切实的提高。为了最终将提高后的能力充分发挥出来，取得成果，员工本人还必须充满干劲。

1959 年 6 月，松下幸之助在应届毕业生新进员工壮行会上以“决心是进步的阶梯”为题，谈了自己的具体想法（《说说我的经营之道》PHP 研究所 · 1977 年 3 月，PHP 文库 · 1990 年 7 月）。

松下幸之助说："发挥作用的人、占尽先机的人都是充满干劲的人。"具体来说，比如有"无论如何都要上到二楼"的决心，那么就一定能想到用什么来做梯子。但是，如果只是有"想上去看看啊"这样的想法，那就无法想出"梯子"来。将"上到二楼"作为自己唯一目的的充满干劲的人，就一定能想出"梯子"。有的人因为才智过人，所以能想出"梯子"，而有的人无论多有才能，内心却"并没有特别渴望上二楼"，所以想不出"梯子"。

松下幸之助说："只要内心有想做成这件事的强烈愿望，自己的才能和知识就会充分发挥出来。"在工作中，决心至关重要。有了坚定的决心，就自然会去思考应该怎样去做，应该完成哪些事情。只有将努力发挥才能的决心激发出来，才能够点燃新员工的工作热情。

负责激发决心的人，就是员工的直属领导。部门领导应该是对实现部门岗位职责、完成使命抱有最强烈的干劲的人。对于这样的领导最基本的就是培养好年轻的员工。

（七）稻盛先生思考人生和事业的方程式

如题，稻盛先生给出的方程式是：人生·事业的结果=思维方式×热情×能力。这里增加了"思维方式"。这是非常重要的因素。

在此引用稻盛和夫先生的著作《京瓷哲学》[①]（SUNMARK

---

① 此书已被东方出版社引进出版，中文书名为《京瓷哲学——人生与经营的原点》。

出版·2014年6月）中的一段话。

> “人生和事业的结果，是思维方式、热情和能力三要素相乘决定的。”其中的能力和热情，因每个人自身状况的不同，差别比较大，从0分到100分不等。有的人对自己的能力非常自信，但是却不愿付出努力；有的人自知能力一般，因此就付出比别人更多的努力。而现实就是，后者往往能收获更多的成功。这就是思维方式在起决定作用。思维方式反映着一个人的生活态度，从负100分到正100分不等。思维方式不同，人生和工作的结果会发生180度的大转折。因此，与能力和决心一样，一个人具有正确的思维方式是非常重要的。

稻盛先生思考出这个人生的方程式，是在京瓷创业之初，因此称它为“京瓷哲学”的基础也非言过其实。稻盛先生在经营生涯中，一直在向员工们传授这个道理。

稻盛先生一直自称是“乡下人”，并没有什么了不起的能力。这样的人要想成就一番事业，需要哪些要素呢？稻盛先生说，首先想到的就是“热情”，其次就是“思维方式”。

思维方式就像是一个人生活前进的方向。只有正和负两个方向。如果一个人能力极强，满怀热情，付出的努力也不输给任何人，但思维方式是负面的，哪怕只是一点点，从三要素相乘计算来看，人生的结果也是一个大大的负数。

正、负方向如果用其他的表达方式来说，就是“善心”与“恶心”。如果往正方向走的话，就是“善心×热情×能力”。

下文是稻盛先生自己对“善心”的诠释。请身处管理岗位的人员，务必要深刻理解并践行。

> 首先，要保持积极向上的、有规划的生活态度。与大家共事时，要具有团队精神，保持协调性。要开朗、充满正能量，对人常怀善意，时刻为他人着想、与人为善。认真而正直，谦逊且努力。抛却私欲，知足常乐。此外，还要常怀感恩之心。

这段文字非常朴实，没有什么晦涩高深的地方。但是，真正要践行这些却是一件很难的事情。如果我们能将这看上去朴实无奇的“善心”踏踏实实地付诸实践，我们的能力和热情就会被成倍放大。

稻盛先生就是将善心付诸行动的人，不愧为“经营之圣”。

这一点，和内心中如何描绘事物的结果也是相通的。稻盛先生解释说：这分为两种，第一种是内心想着无论如何都要成功，于是成功了；第二种是内心不坚定，在成功和失败的可能性中摇摆，那么往往也就以失败告终了。

> 内心召唤的东西会逐渐地靠近你。身边发生的所有现象，都是你内心的折射。因此，我们的内心不要有愤

怒、仇恨、嫉妒、猜疑这些负面情绪，要时常心怀梦想，愉悦开朗。这样做，人生就会变得十分精彩。

稻盛先生告诉我们，人生·事业的结果=思维方式×热情×能力，其中最重要的因素就是“思维方式”。

但是，“思维方式”是一直变化的。人的一生未必能一直保持一种思维方式。有的人在人生的某个阶段，具有优秀的思维方式，所以事业成功、人生顺风顺水。但是，一旦环境发生变化，人的思维方式也会改变，很可能就会沉沦下去，最终事业惨败甚至公司倒闭。也就是说，经营者的思维方式是会变化的，经营状态也会随之发生改变。

因此，稻盛先生曾经这样告诫过大家：“我认为，作为企业根基的思维方式，是不应该随着环境的变化而变化的。”

二、稻盛和夫的经营哲学

（一）京瓷的发展史

2004年2月4日的日本经济新闻上登载了京瓷的西口泰夫社长的一段颇具深意的话，篇幅虽不长，其中却蕴含了京瓷精神的根本所在。

成长为合并销售额超过1兆日元的超大型企业的京瓷，要想得到进一步的成长，需要重新审视企业的结构。我们一方面尊重创始人稻盛和夫名誉会长的经营哲学，另一方面，也给予下一代的年轻人新的部署。以创业者的经营哲学为原动力，这是我们京瓷的企业文化，同时也是我们的宝贵财产，是其他企业无法模仿的。对企业来说，创始人的经营哲学就像道德一样需要遵守，必须将其作为企业经营的基石。

稻盛和夫先生在 2006 年 3 月 17 日由 PHP 文库出版的著作《敬天爱人》中，这样描述了京瓷创立之初的情景。

我于 1955 年从鹿儿岛大学工学部应用化学系毕业，之后就职于京都的一家名叫松风工业的高压电线绝缘子生产企业，担任技术员。我被分配到研究科，从事新陶瓷研究开发工作。

当时，这种具有超高性能和精准尺寸的陶瓷被称为特殊瓷器。但是，有别于传统的绝缘子，我们没有直接使用黏土等天然材料，而是使用了一种人工合成材料制成的特殊瓷器，称为新陶瓷。

我刚入职松风工业的时候就知道，公司是处于亏损经营的状况，依靠金融机构的支援才能勉强维持下去。工资发放也一再拖延，我看不到公司和自己的未来。一起进公司的同伴们也相继离职，我对这样的公司彻底失去了信心，于是和剩下的同伴一起去应聘自卫队的干部候选生，参加并通过了考试。但是，入队手续所需的户籍复印件一直没有从家乡寄过来，再加上哥哥的强烈反对，最终我还是留在了松风工业。

被切断了后路的我从此痛下决心：无论工作环境多么恶劣，我都要竭尽全力挽救摇摇欲坠的公司，改变自己的命运。于是我彻底调整了情绪，火力全开，全身心投入了研发工作中。令人欣喜的是，我的研发工作取得了丰硕成果，收获了一片赞誉之声，我也备受鼓舞，更加有干劲了。之后我再一次取得成果，上司和前辈又对我赞赏有加，这进一步激发了我的斗志，使我更加忘我地投入到了不分昼夜的工作中去。可以说，这是一个良性循环吧。

1956 年年初，我们开发了镁橄榄石这种新型陶瓷材料，并将它成功应用在了松下电子工业的 U 型管这种电视机显像管用的绝缘零件当中。在当时，这一高难度的产品还只有荷兰的菲利普公司能够少量生产。而日本正逢视频游戏对 U 型管的需求高涨，必须尽快批量生产，我负责这一生产任务。由此，我思考出电气隧道窑这种生产设备。

松下电子工业的订货量逐渐增加，达到每月两三万根，但是我们的生产却总是赶不上交货期。因此，我们部门全体员工都废寝忘食地投入到增产工作中，500 根、1000 根，每天生产多少就交货多少。

我 27 岁那年，虽然还只是区区的特瓷科主任，但是已经将新陶瓷的研发发展为公司的核心工作。此外，我自己研发的产品，从生产到销售，不管是不是分内之事，我都全力去做好。在此期间，日立制造所委托我们开发陶瓷真空管。我以自己开发的镁橄榄石这种材料为基础进行研发，结果却总是不尽如人意。就在这时，从公司外部空降来的一位部长，尽管对生产的来龙去脉一无所知，却大放厥词："你们这些家伙干到这就退出吧，接下来的我来干！"听闻这话，我当即决定从松风工业离职，并递交了辞呈。尽管公司对我多番挽留，我却铁了心地要走，因为我无法忍受我们呕心沥血投入的研发工作被人如此轻蔑。

此时，我开始考虑将自己一直以来的梦想——带着技术去海外一试身手付诸实践。但是，曾经甘苦与共的下属和后辈，甚至是前辈、上司，跟我说："要走一起走，我们跟定你。"于是，我改变心意，和大家一起发誓："为了大家和民众的幸福，努力奋斗，甘苦与共！"我们决定成立自己的公司，并将我们的想法写成了血书。无论过去多少年，我们的内心依然如当时那般热血沸腾。

京瓷就是在这样的形势下成立的。以前的上司为了让稻盛的技术才能得到充分发挥，为其筹措了 300 万日元的创业资本金。创业者当中，有一个人将自己的房子抵押了出去，筹集来周转资金 1000 万日元。

就这样，在 1959 年（昭和 34 年），以前公司的七名跟随稻盛出来的同事，以及 28 名员工（其中有 20 人才刚刚中学毕业）夜以继日地拼命工作，终于在第一年就实现了盈利。这在稻盛先生的著作《稻盛和夫的经营塾　如何打造高收益企业》[①]（日经商业人文 · 2007 年 11 月）中有所描述。

（二）从创业第二年遇到的困难中学到的东西

接着，在创业的第二年，遇到了困难。但正因为这件事，稻盛和夫的经营才能得到了充分的施展。

在此我引用稻盛和夫的上述著作中对这一事件的描述。

1. 明确经营理念

创业第二年，11 名刚刚在京瓷工作了一年的高中毕业生突然跑到稻盛和夫那里要求改善待遇，还写下了血书，如果不能保障他们的未来，他们就辞职！稻盛和夫坐下来，将心比心跟这些员工谈话。谈判持续了三天三夜，最后他把刀子往桌上一拍说："我要用我的生命做赌注，为了大家过上好日子我会去维护好这个公司。如果我是为了自己的私心杂念而经营公司，你们可以砍死我！"

最后，大家总算信服了。稻盛和夫说服了那些要辞职的人，却没有说服他自己。

> 我家在空袭中失去了房子，战后一直过着贫困的生活。我是七兄弟中的老二，家里一直供我读到了大

---

① 此书已被东方出版社引进出版，中文书名为《稻盛和夫的实学：创造高收益》。

学，但是我到现在还无法完全照顾到其他兄弟的生活。然而，就是这样的我，刚刚创业开公司，就被要求必须照顾员工们的生活，这对我来说真的难以接受。

我不得不重新思考一个问题：创立公司到底是为了什么？冥思苦想了一段时间后，我终于意识到，经营公司的真正目的不是通过管理来实现自己的梦想，而是守护员工及他们的家人。从那时起，我抛却了最初的创业目的"让世人来评价稻盛的技术"，将京瓷的经营理念确定为"追求全体员工物质与精神两方面幸福的同时，为人类和社会的进步与发展做出贡献"。在明确了这一经营目的的瞬间，我觉得豁然开朗，无论做什么事，无论遇到什么困难，为了大家的幸福，我都不辞劳苦，心中充满了干劲。

那之后，每当我发现工作消极懒散的员工，就会大声责备道："这个公司是为了全体员工的幸福而存在的，其中也包含你，所以你必须和大家一起拼命工作！"正因为顶着为了全体员工这样一个大义的名分，所以我能够毫无顾忌、坦坦荡荡地发挥我的领导力。因为谁都想实现这个理想，所以这个理由能将大家的心都凝聚到一起。让一个人全身心地去投入某件事情，一个立得住的理由是很必要的，也就是所谓的"大义"。"大义"不是个人的利益，而是为了社会的"公共"利益。当时的京瓷既没有资金也没有技术。但是，凭着这个"大义名分"的理念，也就是我们树立起的经营理念，全体员工众志成城，我认为这是京瓷能够发展到今天的最主要的原因。

作为企业最高责任人的经营者，必须一边自问“公司是为何而存在”这种关乎公司大义的问题，一边拿出该有的姿态来。经营者一旦确定了“公司的大义”，就要认认真真地去贯彻执行，因为这决定着公司的存亡。首先，经营者要设定一个远大的目标，确定“大义名分”，并且向全体员工阐明公司经营目的和意义，致力于得到他们的理解和合作。经营者身体力行带头示范的举动，才是公司发展的原动力。

2. 首先要考虑员工的幸福

稻盛先生认为：“社长最重要的工作就是要提高员工的思想意识，也就是让他们具备经营者的头脑。”员工全都到点就下班的公司是无法生存的。他说：“一个公司是否能成长下去，取决于这个公司有多少为公司业绩考虑并且行动的员工。”

经营者是始终被员工所注视的。身居高位，下属都得听自己的话，能够做自己想做的事情，似乎是一件让人称羡的事情，但其实经营者并没有那么快乐。因为在命令和执行的过程叠加中，双方的立场会越来越对立，经营者会变得很难与下属轻松地沟通。因此身居高位者往往是孤独而悲凉的。

本田宗一郎提倡的“WAIGAYA”沟通术（由本田宗一郎提出，意指公司内部的员工，不分职位、立场，在一起轻松愉快、无所顾忌地聊天。——译者注）为世人所称道；日本电产的永守重信对公司里的任何人说话都毫无保留，被称为“没有秘密的人”。他们这样的人可能不会是孤独而悲凉的。但是，这两位应该算是例外了。

身居高位的人，如果不为员工的切身利益考虑，是无法得到真正的仰慕的。松下幸之助就是“我做好了不得已之时为下属去死的心理准备”的这种与下属建立了血亲般关系的卓越经营者。

身居高位者时常会被下属在背后观察，好的坏的都一一收入其眼中。因此领导者比公司内的任何人都更需要磨炼心性、抛却私欲。也就是说，领导者的心中不能有私心，只有大公无私，才能受到广大下属的尊敬。

稻盛先生开设的盛和塾主要面向年轻经营者，因此一大群他的仰慕者慕名而来。稻盛先生曾说过：“我想通过盛和塾将经营者所应该具备的经营哲学传授下去。”

稻盛先生想传授的不是经营技巧，而是经营哲学，这是因为他认为“企业的发展极大程度上取决于经营者的经营哲学和理念”。

京瓷的经营理念是“追求全体员工物质与精神两方面幸福的同时，为人类和社会的进步与发展做出贡献”。前半句话和后半句话的落差很大，是这句话的特点。为什么要以“追求全体员工物质与精神两方面幸福”为开头？其原因要追溯到前文中提到的在京瓷成立第二年时高中毕业生员工的集体请愿书了。那时候稻盛先生绞尽脑汁想出的结论，成就了京瓷的经营理念。

3. 创业时的初衷

1959年（昭和34年）4月，“我们不是出于私利私欲而血盟，虽然能力有限，但是我们齐心协力共同宣誓要为了人类和社会的幸福而努力”。八名怀有共同志向的人立下血盟创立了京瓷公司。而就是在这样一个公司里，稻盛先生说服拿着请愿书的高中毕业生员工的一番话，实在是气魄非凡。简直让人肃然起敬。

我不知道如果当初让这群高中毕业生员工离职的话，还会不会有今天的京瓷，会不会有今天的“京瓷哲学”。

当时连自己的亲兄弟的生活都无法照料的稻盛先生，为什么要承诺负担起刚刚招聘来的年轻员工将来的家庭生计呢？要说这件事让人十分烦恼确实不为过。但是，因为各种机缘来到一个公司的人，在某种意义上说就是一家人了。这就是日本与其他国家的不同之处。

4. 以“心”为基础开展经营

出光兴产创始人出光佐三先生的“以人为本”和“大家族主义”观点非常有名，他主张员工就是家人，因此没有工会、没有打卡机，也没有退休之说。“京瓷哲学”中也有“以大家族主义开展经营”这一项，开头就提到：我们一直珍视那种把别人的快乐视为自己的快乐，能够同甘共苦、有如家族式的信赖关系。这也可以说是京瓷的员工们携手并进的基本出发点。以心为基础的经营，是用亲情维系的，这种思维方式植根于互助协作的关系之中。虽然彼此并没有血缘关系，但是却情同父子、兄弟姐妹。

在同一口锅里吃饭，是一个家庭的开始，也是互为同胞的证明。从这里会产生牢固的纽带感，以及对企业的忠诚心。正因如此，企业的经营者才必须以“追求全体员工物质与精神两方面幸福”为己任。这是京瓷经营理念的出发点。经营一家企业，首先必须竭尽全力使员工获得幸福。这就是稻盛先生的决心。

所谓领悟，就是指充分理解了事物的存在和发展的规律。“以大家族主义开展经营”是稻盛先生作为一个经营者，在经营企业的过程中领悟出来的一个道理。同时，这也被认为是稻盛先生转变为知名经营者的开端。我认为京瓷的命运共同体的纽带感就是这样产生的。

当初的那些高中毕业生员工如果离职，恐怕会在各个中小企业中辗转工作，从此走上艰辛的人生道路。但是他们被社长“如果你们觉得被骗了可以杀了我”这句搭上性命的话说服，留了下来。结果怎么样呢？自己选择留下的这家公司，以迅猛的态势发展，一跃成为日本具有代表性的优秀企业之一，之后甚至成为全球知名企业。当初的那些高中毕业生的经济收入，从后来发生的这些事情中也可窥一斑。

（三）领导力改变人的命运

稻盛先生深知如果一直以“向世人展示自己的技术”这一创业初衷来指导经营的话，是很难做好一个企业的。因此他及时将经营理念转变为“追求全体员工物质与精神两方面幸福”。在面对困难的时候“相互信任、齐心协力”。每一名员工都不断地付出双倍的努力，这成就了今天的京瓷。

经营者的领导力就是这样改变了很多人的命运，也培育出一个成功的企业。由此可见，身居经营位置的人具备优秀的素质是多么重要。

稻盛先生在阐述自身哲学的著作中写道：“在不断提升人性的过程中度过这一生，就是人生的终极目的。”并且下结论说：“在离世之前，只有这一生磨炼的心性和提升的品格，才是你的人生勋章。在事业上获得成功，或是在学业上获得博士学位，抑或是在一个组织里身居高位，这些都没有什么价值。”并且补充说：“如果能这么想，心情就会变得很轻松。”

另外，稻盛先生还曾说：“人生的目的就是提升心性。不断磨炼自己的意志，提升人性。具体来说，就是要为了世人的幸福而殚精竭虑，竭尽全力。而这一切必须由一颗美好的心灵来完成。”(《致知》2002 年 11 月刊,《人为什么活着》)

稻盛先生长久以来磨炼领导力的潜意识中，有着同为鹿儿岛人的伟人西乡隆盛的存在。一个人磨炼心性，肯定受到先哲的教诲和影响，之后将这些教诲揣摩领会，变成自己的思想，并且传播给身边的人。在强烈受到先哲影响的人群当中，会诞生一位杰出的领导者，他会代替先辈将组织发扬光大。

（四）心存善念就会发生好事

稻盛先生是一个内心情感极为丰富的经营者，他曾经讲述自己在 13 岁感染肺结核之时读到的“生长之家”创始人谷口雅春的《生命的真相》。这段往事给了很多人深远的影响。

在此我引用《稻盛和夫的哲学》[①]（PHP 研究所 · 2001 年 11 月）中的节选。

> 我在孩童时期邂逅了令我之后的人生发生重大变化的“生长之家”的这本书。那是 13 岁那年，我感染了死亡率极高的肺结核。当时，我的叔父叔母都因结核病而死，所以邻里一带都传言“稻盛家可能全都会死于肺结核这种家族病”。因此我也暗自担心自己是不是也会死去。那时，邻居阿姨把“生长之家”的创始人谷口雅春的《生命的真相》借给我阅读。书中讲述了“心中所想会在现实中发生”这一原理，作者使用了“心相”这个词，告诉读者意识状态会原封不动地发生在我们身边。
>
> 我们身边发生的种种现象，都不过是我们内心的投影。也就是说，我身上发生的不幸和身患的肺结核也是我内心的反映。这就是作者谷口先生想表达的思想。可是我并没有牢骚满腹，虽然觉得作者的话很矛盾，卧在病床上的我还是开始拼命地想一些善良的念头。同时我也在思考，所谓“善良”究竟是什么。在我幼小的心灵里，“为了人类、为了社会”成为最崇高的善念，并且觉得这是应当具备的思想境界。心

① 此书已被东方出版社引进出版，中文书名为《心法：稻盛和夫的哲学》。

> 有善念，就会发生好事；心有恶念，就会发生坏事。因此我们必须心存善念，或者说要努力去怀有善念。在我直面死亡，因生死未卜而内心充满恐惧的时候，我真正地理解了这句话，并且这一想法一直持续到今天。这期间我也经历过考试和求职的失败，但从未怀疑过作者的教诲。我渐渐养成这样一个习惯，如果发生坏事，首先要反省自己的想法是不是有不对的地方。

关于这段往事，《稻盛和夫自传》（日经商务人文库，2004年9月）中也有提及。

> 在我持续低烧整日卧床的时候，租借在隔壁的阿姨在围墙那边冲我说："和夫，这书有点难，不过我推荐你读一读哦。"她借给我的是一本"生长之家"的创始人谷口雅春的《生命的真相》。我全然不知道这是一本什么样的书，当时同住的叔父正在深受结核病的折磨，我也是依靠药物度日。抱着寻找一丝寄托的心，我埋头苦读这本书。
>
> 阅读过程中，我读到了这段文字，"在我们的心中有吸引灾难的磁石，我们生病是因为我们有一颗吸引病菌的脆弱的心"。
>
> 想回避想逃避的心，非常厌恶肺结核病的我的那颗羸弱的心吸引了病灾。仅仅是这一件事，就让我对

作者谷口先生的话深信不疑。望着悉心照顾弟弟（我叔父）的父亲，我心中涌起了一股崇敬。父亲一人承担起了所有看护责任，安全起见也不靠近自己的妻子，他是为了血亲们做好了死的思想准备。

心怀大爱的父亲并没有感染结核病菌。当时还是孩子的我幡然醒悟，并且一直牢记至今。谷口先生的这本书教会了我要用良好的心态去面对生活。

(五)“大家族主义”与“实力主义”

《稻盛和夫自传》中对1961年（昭和36年）4月发生的高中毕业生员工请愿书事件也有提及。可能会稍嫌啰嗦但在此我还是想引用一下。

有的人会钻牛角尖，认为“如果经营者不答应这一点我们就全部辞职”。看上去就像是工会组织在和企业进行交涉，但其实他们并没有这个意识。员工们声称如果不答应要求就罢工，经营层也会因此质疑“你们到底还想不想好好工作”，双方一定会争吵起来。很可能就会导致员工集体离职，我当时决定好好问一问他们。因为我在刚刚进入松风工业的时候就想离职，也曾有过类似的苦涩的体会。

因为京瓷当时的规模很小，所以我很了解员工们认真努力的工作状态。工作时间是早上八点到下午四点四十五分。但实际上，大家常常加班到深夜，这已是常态。从松风一起过来的伙伴甚至有时候通宵达旦，实在是一群工作狂，在他们心中几乎没有时间观念了。

但是，初中毕业生员工由于要去夜校进修，所以都会让他们准时下班。经常陪着上司加班数小时，有时候连周日都要来上班的高中毕业生员工看在眼里，自然就堆积了很多不满。

稻盛先生是吃过苦的人，所以他能够站在对方的立场，即站在高中毕业生员工的立场上去思考问题。

但是，不管怎么说，京瓷能够得到迅猛快速的发展，都是依靠创业以来不断的技术创新、产品开发和改良以及为了批量生产而付出的呕心沥血的努力。制造业需要精益求精的努力和热情才能得以发展壮大，容不得片刻的松懈。京瓷自创业以来，一直保持着销售额比上一年增长50%的水平，经常利润率约40%（当时），这都归功于技术创新、产品开发能力和为了批量化生产所付出的巨大努力。

前文中已经详细地介绍过大家族主义，它的背后是实力主义。对于以心为基础开展经营的京瓷来说，这是其精神内核。作为企业，必须在激烈残酷的市场竞争中存活下来。虽然员工们齐心协力、相互信赖，如家人般紧紧团结在一起，但是在面对市场竞争时却显得毫无保障。企业之所以能够生存下来，是因为提供了满足顾客需求的具备持续开发的能力、技术支持、良好品质的产品，有竞争力的成本以及遵守交货期。精神上的安定团结并不能造就与其他竞争对手形成差别的经济实力。

似乎是为了证明这一点，在“京瓷哲学”“大家族主义经营”之后，就是“贯彻实力主义”这一项。一味“温情主义”的管理者只能乖乖走人。稻盛先生说道，温情主义会让大家族主义堕落毁灭。

“即便是大家族主义，也必须让拥有非凡工作能力和受人尊敬的人身居要职。”

在职场中最年长、工龄最长的员工，即便具备丰富的现场经验，如果领导力低下的话，也不能让其担任领导。没有实力和魄力的领导者会让企业陷入窘境。在大家族主义下，员工之间亲如父子、兄弟，构筑起具有强烈纽带感的命运共同体的关系。

但是，这样也容易滋生温情主义，难以在激烈的市场竞争中获胜。赤字是绝对不被允许的。由于亏损而无法履行社会责任的企业的员工，是没有资格在这个由盈利企业缴纳的税金所建设的大道上堂堂正正地走路的。只有在贯彻实力主义的前提下，大家族主义才能成为有才之人的纽带。

(六)“京瓷哲学”与“松下幸之助语录”的共通点

1. 独生女松下幸子眼中的“松下幸之助”

在阅读“京瓷哲学”的过程中，常常有在读松下幸之助语录的错觉。二者的思想、哲学以及最根本的人性中都存在着很多共通点。研究松下幸之助的思想、人生智慧的全国 PHP 友会麾下的松下幸之助研究会，一方面是一个思考经营之道的协会，是经营者相互交流的组织，另一方面也是由盛和塾在维持着。

在管理之道、领导力方面极为相似的两位“经营之圣”，在个人生活方面也有很多共通点。

我在此想介绍一下《PHP Business Review 松下幸之助塾》(2012 年 9、10 月刊) 中由松下幸之助的独生女松下幸子女士向 PHP 研究所常务佐藤悌二郎口述的内容，从中可以了解到松下幸之助在生活中是一个严厉得近乎神经质的人。

> 年轻时候的父亲头脑敏锐、机智果敢，是个不为子女操心的人。我们的对话几乎仅限于一起吃饭的时候。父亲又是一个健谈的人，常常滔滔不绝，却又从不听我说话。说心里话，我其实很讨厌和父亲一起吃饭的时光。他太神经质了，我至今还记得，上一秒钟还在开开心心地吃饭，下一秒钟就不知何故不高兴了，要么掀翻了盘子，要么掰断了筷子。

以上情景在当今的年轻夫妇家庭生活中也并非不可能发生。松下幸之助果然是一个心里只装着工作的人，并且他训起人来喋喋不休。当幸子女士还是一名小学二年级学生的时候，曾经不顾反对，苦苦央求母亲梅野给自己买了一件心仪的西式服装。回到家中，听说此事的松下幸之助为此训斥了幸子足足两个小时。回想起往事，幸子女士苦笑着说，每次父亲一开始训斥，妈妈就躲得远远的。

当时（昭和4年左右，1939年）松下幸之助拥有全大阪仅有的两辆小汽车。幸子女士说，父亲是绝对不允许自己坐那两辆车的。她回忆道："坐火车旅行的时候我只能坐三等座。父亲是不会坐瞭望车的一等座的。""我和父母一起的时候是坐二等座。父亲之所以如此严厉，还是因为他把公司的事情放在了心中的第一位，认为都是依靠公司全体员工的努力才能拥有现在的生活，这一点一定不能忘记。"

幸子女士苦笑着说，就连一年一次的家庭旅游，自己都不想去。通常家庭旅行都是在外住两三晚，第一天的时候，父亲还对家人很尽心尽力，第二天开始就惦记起公司的事情了，常常会因为工作的事情心情不悦，一家人也在一旁战战兢兢。松下幸之助真的是彻头彻尾的工作型人格。

说起松下幸之助的洁癖时，幸子女士回忆道："众所周知，我父亲是一个爱干净到几乎病态的人。每次家里要来客人的时候，他都会仔仔细细地检查每个角落，坐垫是一定要全部摆正的，哪怕是歪了一点点也要去整理一下。并且还会拿着扫帚清扫。每次父亲在做这些事情的时候，家里人都会头皮发麻。""我觉得如果不是我母亲那样的人真的是无法一生相伴的。所以我常常对她充满敬佩之情。如果是一个心思细腻的人，是绝对无法忍受父亲的那种神经质性格的。"确实，梅野夫人被誉为"神的妻子"，是从贫苦时期就一路支持着松下幸之助的人。

关于刚结婚时候的贫苦状况，“母亲经常说起‘我是做好嫁给穷苦人的思想准备嫁过来的。但是即便同是贫困，乡下人的贫困和你父亲当年的贫困，还是大有差距的’。乡下人贫困至少还是有房子住的。但是父亲当时连住的房子都没有。母亲说‘虽说是裸婚，也没想到裸得那么彻底’”。幸子女士苦笑着回忆。

就是当时这么一个极度贫困的人，在 1989 年（平成元年）4 月 29 日与世长辞。同年 11 月 29 日，大阪国税局公布的松下幸之助的遗产金额为史上最高的 2449 亿日元。遗产继承税为 854 亿日元。梅野夫人可以获得 1224 亿日元。这是一位多么值得跟随的丈夫。幸子女士的继承金额是 448 亿日元，其丈夫正治继承金额为 446 亿日元。其他也还有数位继承人，在此不一一描述。

如今，梅野夫人和正治先生已经作古。关于松下幸之助的研究还在被很多人继承着。

2. 大口吃吉野家牛肉盖浇饭的稻盛先生

稻盛先生在一穷二白之际创立了京瓷，因此在“京瓷哲学”中有“以节俭为本”也是情理之中的事情。稻盛先生说，虽然京瓷已经成为世界知名的大企业，但是他怎么都学不会奢侈。比如，出差时他一个人用餐，在酒店里享用高消费的餐饮，对他来说是完全不可想象的。他平时在家中每顿饭的成本也就不满 1 千日元，在酒店用餐通常是数千日元，真的是太浪费了。

稻盛先生说他自己特别享受节假日在超市里采购食材。推着购物车跟在夫人的身后，一一比对、挑选，非常快乐。每次采购的花费只有 1.5 万日元左右。夫人说这些足够十天的伙食了。实在是很便宜。

据说稻盛先生经常吃吉野家的牛肉盖浇饭。因为觉得自己一个人吃有点不好意思，所以他常常带着司机一起去吃。“哪怕每顿晚餐花 5 千~1 万日元，连续吃 10 年，我也消费得起。但我觉得这样的举动实在让人不安，还不如要了我的命。我没办法理解明明没有钱却不觉得不安，还每天晚上心安理得地吃着昂贵的饭食的人。”

在经营中奉行“节俭”，决不能奢侈浪费，这一点是绝对不能改变的。“想要做出一番了不起的事业，就必须有高超的经营思想。”稻盛先生一直保持着“今天的顺利无法确保明天的屹立不倒”这一创业初期的危机感，无论自己变得多么富有，企业做得多么成功，时时心存危机的姿态是不能变的。稻盛先生说，这需要有相当的克己心才能做到。

稻盛先生是一个时时将“整理、整顿、清洁”挂在嘴边的人，因此他的工作环境也非常干净整洁。据说他只要看到办公桌上的纸张斜着放或者横着放，就一定要把它端端正正地放好。“桌子是矩形的，所以应该把桌上的东西沿着四条边平行摆放，否则就会丧失平衡感。一定要注意，让桌子上的东西保持‘四角平行’。”因为稻盛先生的这一细节要求众所周知，所以据说每次他去办公现场视察，大家都慌慌张张地把桌子上的东西边角对齐地摆放好。这是稻盛先生独有的“和谐感”。

他强调说："一个没有和谐感的人，也无法发现工作现场中的不良和异常。"

松下幸之助是一个有洁癖的人，稻盛先生在这方面也是要求非常严格的人。经营者自身一直坚持节俭不奢侈的姿态，那么整个企业自然也能够保持着紧张感，有序地走下去。

三、企业重生时的领导力

（一）日航重建的关键点

2012 年（平成 24 年）11 月，历时两年零八个月成功挽救面临破产的日本航空的稻盛和夫名誉会长在"日经论坛世界经营者会议"上说："国家因一人之力而兴，因一人之力而亡。企业亦如此。经营者的能力决定了企业的兴盛衰亡。"

已经走过 50 多年经营者道路的稻盛和夫，认为领导者即是能做到以下四件事的人。

第一种人是"坚定高举企业目标的人。如果面对困难时左顾右盼，员工是不会跟随你的。只有一心朝着目标前进的人才能成为领导者"。第二种人是"能够与企业员工拥有共同理想的人"。第三种人是成为有"人格魅力"的人。第四种人是"具备打造高绩效组织能力的人"。

在此引用《日本经济新闻》的报道来说明稻盛先生在日航重建过程中是如何践行以上四点的。

稻盛先生是这样描述日航重建的重点的："不仅仅是财务体系和经营战略这些看得见的东西，员工的意识和企业文化这些眼睛看不见的东西，意义更为重大。”

收购重建了很多濒临破产企业的日本电产的永守重信社长说道：“破产企业的员工人心涣散、士气消沉，整个组织一潭死水。造成这种恶果的原因是降薪和裁员。这样的组织是无法重生的。”永守社长以自己重建企业时绝不裁员为傲：“裁员会让企业士气大为受挫。要想让企业重新焕发生机，就要让员工的心态积极向上。即便管理者一味大喊‘挑战吧’‘努力吧’，如果员工垂头丧气的话，那就只是在空喊口号。”

稻盛先生在接手日航时，不取分文出任会长职务。在他就任前，强势的工会组织一直在拖日航的后腿，但稻盛先生以命相托的决心让员工的心中重燃起希望，朝着日航改革的道路携手共进。如前文所述，2005 年（平成 17 年），当时已担任了 46 年董事长职务的京瓷名誉会长、董事长稻盛先生在退休之际获得了约 6 亿日元的退休慰问金，但是他分文未取，全部捐给了自己的母校及其他机构。稻盛先生是一个厌恶奢侈浪费的经营者，极其清廉朴素，同时也是一个内心丰富、气度非凡的人。这样的一个人，全身心地投入了日航的重建事业中，可以说是拼上了老命。

经营者的格局决定了组织的命运和发展的上限。鲜鱼是从头开始腐烂的，一个企业的破产也是由于经营者，而不是员工和工会。从头到尾都是经营者的责任。

稻盛会长下决心无论如何都要让极其可能二次破产的日航重建成功，他在第一次社内见面会上引用了哲学家中村天风的话：“士气高昂，不屈不挠，一心一意，坚决实现新计划!”他还说:“我会让全体员工看到我誓要达成计划的坚定决心!”

之后,他提出了日航重建的三条大义,其中一项是“保住留任员工的饭碗”。这给予担心被裁员的留任员工极大的鼓舞和斗志。

(二)不可忘义,不可无勇

病入膏肓的日航被施以援手是在2009年(平成21年)9月民主党政权诞生之后。当年10月,企业再生支援机构开始支援日航重建工作。2010年(平成22年)1月日航正式申请破产。2月1日稻盛先生就任会长,从此开启JAL重生之门。日航在1月份申请破产的内容为:①各交易银行同意放弃5215亿日元的债权。②再生支援机构提供3500亿日元的资金援助。③股份100%减资。这是日航重建的三大支柱。1月19日日航申请公司再生的破产之际,已经深陷负债近1兆日元的危机。

2009年(平成21年)年末,稻盛先生受日本政府和企业再生支援机构的强烈邀请出任日航会长。当这一新闻被报道出来时,我不由得为他感到担心,功成名就的经营者会不会因此而晚节不保呢?一位年逾古稀的人,出手重建官僚主义根深蒂固并且身陷多个工会组织纠纷之中的企业,这无异于火中取栗。稻盛先生究竟有没有能够胜任这一重任的体力、魄力和毅力?一位拥有累累硕果的“经营之圣”,在面对这样一家运用通常的经营方法已经无法拯救的企业时,能否守住不败的战绩？另外，为什么稻盛先生要明知山有虎，偏向虎山行呢？我的脑海中充满了疑问。

据说当时稻盛先生身边的朋友、熟人和家人也都认为“如果失败了可能会晚节不保，还是不要接受这个委托了”。我想无论是谁都会这么认为的。社会上的舆论也大部分倾向于“即便是稻盛先生来接手也是一场苦战吧。日航要想重建是很难的。JAL 说不定会二次破产”，因为 JAL 是一个从经营根基上就存在严重问题的企业。

据说企业再生支援机构当时正在处理日航大约 1.6 万名员工的离职申请，但是最终有 3.2 万名员工选择留下来。如何解决这些员工的生计问题成为摆在稻盛先生面前的严峻问题。这应该就是稻盛先生“不可忘义，不可无勇”的侠义之心吧。稻盛先生形容自己小时候就是一个孩子王。我想这种孩子王的气质也给予稻盛先生很大的影响。此外，稻盛先生崇敬的同乡前辈西乡隆盛的血液也注入了他的身体之中。我想，是“我要是不做还有谁来做”的气概让稻盛先生接受了重建日航的任务。

京瓷哲学中有一条是“为伙伴尽力”。“人的品行中最美好最值得被尊敬的就是，为了他人去做一些事情。人往往会把自己的利益摆在第一位，但其实我们应该把造福他人作为自己最大的幸福。”稻盛先生的哲学之道应该也是深深地影响了他自己。把“为了伙伴”的范围扩展一下，就是“为了社会、为了世人”。将这一点付诸实践是“为了提高人格的极为重要的行为”。在佛教中，这被称为“利他行为”。稻盛先生当时决意在 JAL 实行“利他行为”，才会无偿接受会长职务吧。

（三）令日航重生的经营秘诀

在此我再次引用《日经商务》总编对稻盛先生的访谈内容，当中探讨了稻盛先生令日航重生的经营秘诀，以及领导力的本质。

针对山川龙雄总编“重新回顾JAL的重建过程，您觉得什么是最重要的”这一提问，稻盛先生回答：“当时的我，对于航空运输业来说，是一个彻头彻尾的门外汉。在刚刚就任JAL会长时，我其实对重建一点信心都没有。我所有的，仅仅是我自己的经营哲学‘京瓷哲学’和小团体管理会计系统‘阿米巴经营系统’。我当初就是在一无所知的情况下，只带着这两件法宝来到了JAL。”

为了让企业重生，太多的工具（策略、方法）反而会成为阻碍。为了让大家能够快速认识到紧急重要的课题，最少要从三个左右的维度去展示。课题数目众多反而会混淆视听。应该集中精力去攻克一个课题，有始有终地彻底解决它。破产企业深陷混乱的旋涡之中，因此更应该简明快速地让员工认识到课题和目标。

稻盛先生为日航的员工阐释了“京瓷哲学”和“阿米巴经营系统”。之后向世人展示了，如果JAL全体员工从上至下都能够切实掌握这两点，那么就能够翻身打胜仗。

1.“JAL哲学”的制定

稻盛先生向大西贤社长（现会长）做出指示：依照“京瓷哲学”制定出“JAL哲学”。据说以大西社长为首的十几人的团队耗时两个月终于制定出了“JAL 哲学”。将这一哲学理念在 JAL 企业内部深入渗透下去的话，JAL 的组织内部会发生翻天覆地的变化。

稻盛先生初来 JAL 的感觉是，这是一个金字塔形结构的官僚组织企业，他说：“一小撮精英来负责全盘的企划工作，向大约五万名员工发出指示。员工们丝毫感受不到领导层的人情味，只能感受到非常冷漠的精英官僚气味。”这样的企业是绝对存活不下去的。因此稻盛先生的第一招就是让四五十名管理者改变想法。首先他讲述“在身为一名经营者之前，如何做一个人”这一人生哲学。精英们皱眉表示这些都是早已知道的道理。但正是这近乎常识的道理，他们却没有真正懂得，这就是问题所在。这位已经 78 岁、以零薪酬出任日航会长的经营家严肃地说：“这一看似平常的人生哲学会给你们的性格和想法带来影响，人格如果没有在日常经营中展现出来就毫无意义。”不久，这一人生哲学逐渐渗透进了 JAL 的企业中。在懂得如何做人之后，在工作现场对工作投入，就能节省时间和精力，避免浪费。稻盛的这一番话让 JAL 的职场氛围焕然一新。稻盛先生说：“我认为正是日航 3.2 万名员工的想法都转变了，JAL 才能够实现顺利重建。”

2.“阿米巴经营系统”的导入

管理方面的另一大支柱“阿米巴经营系统”也开始逐渐渗透进日航。稻盛先生将日航分为一个一个小集体，并设立负责人，各部门实行自主经营式的“部门独立核算”。这一方法为日航在短时间内实现业绩回升极为奏效。具体来说，就是细致地制定“飞行员费用”“乘务员费用”“机场费用”等单价，每项费用单独记录收支情况。

在此之前，都是以路线为单位计算，实际收支是在两个月后，月度决算更是久远。这样的方式是无法及时做出经营指示的。不是今天的事情，而是两三个月前的事情，即便让下属去反省，恐怕也早就淡忘了。这样是无法做到及时改善业务部门的状况的。JAL 的每一笔收支从此在次日就报告上去。这种机制令业务部门得到快速的改善。如果没有如此快速的应对，就没办法期待实现 V 字形发展。首先通过稻盛哲学来努力提高人格，以小集体为单位调整业务部门，提升效率。效率提高了但是不执行的话也就没有任何意义。能实现如此惊人的重建，其中必然存在着一颗愿望强烈、无论如何都要实现既定目标的强大的内心。稻盛“魔法”（有些失礼的说法）在 JAL 的实施速度真的是傲视群雄。

这一切都在合并结算中体现出来，并且用难以想象的速度早早地就实现了重新上市。2011 年 4 月 ~2012 年 3 月的营业利润为 2049 亿日元。

2012 年（平成 24 年）9 月 19 日，JAL 以难以置信的速度确保了营业利润，并且再次上市。曾经一度不被大家看好，认为很可能二次破产的 JAL 在“经营之圣”的苦心经营下打了一个漂亮的翻身仗。在进行经营改革之前，首先让员工思考何为正确的生存之道，然后和经营者共同努力，这是组织改革的第一把火。再想一想，企业的发展确实是由经营者的格局决定的。

在企业的重建过程中伴随着强烈的阵痛。稻盛先生在接受采访时表示一定要清楚地向员工传达："为了真正地让企业重新站起来，必须做出牺牲。我会誓死守护你们的。请大家暂时忍耐一下。可能有些要求会比较严苛，但是不这样做的话公司就无法重生。我们不会再有更多的要求了。""经营者一定要面对全体员工，饱含热泪地表达这一决心。"为削减经营成本，日航精简了 1.6 万名有离职意向的员工，如果不这样做就无法重建。但是稻盛先生表示，留下来的 3.2 万名员工，他一定会誓死守护的。

（四）企业重建的秘诀在于对经营者和管理层进行意识改革

其实稻盛先生在说这番话时并未落泪，"但是，一位即将 80 岁的老人分文不取亲自上阵指挥，仅仅这一点就足以具备说服力了"。很多从事中小企业重建工作的咨询师认为，企业重建的秘诀在于尽快出成果。

长期低迷经营的企业就像慢性病患者一样，短期内还不会出现倒闭的结果，对于还有重建希望的企业，就必须在它还有残存体力的时候进行"经营改革"手术，而且要大刀阔斧，一气呵成。业务部门是众矢之的，如果迟迟拖着不加以解决的话，很快就会听到员工没有干劲和体力的声音了。

稻盛先生教给我们企业重建的秘诀之一就是对经营者和干部进行意识改革。正因为如此，稻盛先生让日航的中高层以

“京瓷哲学”为参考制定了“JAL 哲学”，并且在全员中彻底渗透这一思想。第二点是业务改革，即“阿米巴经营系统”的实践。虽然这是京瓷的专业团队提出的指导意见，对于日航来说，彻底改变以往的业务部门的工作方法确实是一件很有难度的事情。但是只要人的意识改变了，业务改革方面的困难也一定可以克服。

改变想法，对于工作来说首先是要勤动脑、不怕累。这是企业能够成功重建的诀窍。

但是，改变想法并非易事，学习是很有必要的。在《稻盛和夫的哲学》（PHP 研究所，2001 年 11 月）一书开头的“关于人类存在和生存的价值”中，稻盛先生就人类在宇宙中的生存意义做了如下阐述：“人的价值并不仅仅是存在。具备智慧、拥有理性、怀有心性，因而人类被称为‘万物之灵长’。人是地球上进化程度最高的生物，应该具备超越存在的伟大价值。我认为，这种价值就在于人能够为社会、为世人做出贡献。”之后的阐述如下文。

“就是说，从浩瀚的宇宙来看，哪怕无所作为，只要存在就具有价值。但是人类具备意识能够思考，可以磨炼自己，能够创造出比存在更大的价值。这种价值就是为社会、为人类做贡献。”能够思考和磨炼自己的人可以创造出价值。这样的人在做事的时候具有大局观。致力于企业重建的经营者、管理者如果没有“人是有价值的存在”这一意识的话，就毫无意义。因此，人的心性、思维、智慧、理性这些精神要素的好坏就非常关键。

全公司团结一心推进改革，是一件非常困难的事情。为了让全员拧成一股绳，努力实现工作目标，经营者必须每天都努力提高心性。并且，为了不培养出阳奉阴违的员工，经营者也必须把自己置于一个受人尊敬的立场之上，也可以说是一个在公司里完全不能有任何怨言的孤独的存在。

在此，我将中小企业经营者绝对不能成为的 15 种人列举在图 4-1 中，供大家参考。

第 1 种	没有经营哲学的经营者。没有梦想的经营者。没有切实可行的方针的经营者。
第 2 种	不懂得经营理念真正含义的经营者。
第 3 种	不重视激励员工的经营者。不读书的经营者。
第 4 种	不听取他人意见的经营者。常常无视下属建议的经营者。
第 5 种	没有大局观和先见性的经营者，甚至连使命感和挑战心也不具备的经营者。
第 6 种	不反省、不道歉的经营者。不理解员工难处的经营者。
第 7 种	公私不分的经营者。
第 8 种	对人才培养毫无兴趣，没有将员工培养成出色人才的想法的经营者。
第 9 种	毫无感恩之心的经营者。没有回馈之心的经营者。
第10种	不会进行利润管理的经营者。不懂现金流的经营者。
第11种	将公司的命运一味寄托在经济形势的走向上，自身却毫无作为的经营者。
第12种	总是批评他人和社会，毫无谦逊之心的经营者。
第13种	没有素直之心的经营者。
第14种	不认可提高心性是自身应具备的生存态度的经营者。
第15种	夫妻关系不佳的经营者。家族关系不和睦的经营者。不重视先祖的经营者。

图 4-1 经营者绝对不能成为的 15 种人

在本小节的最后，我在图 4-2 中列举了企业重建时经营者应具备的 10 条基本素质。可能跟前文有所重复。

第 1 条 热情：无论如何都要有克服困难的热情。
第 2 条 使命感：在企业重建时身先士卒、非我莫属的使命感。
第 3 条 为了社会和人类：组织是被社会认可其价值的存在。不要抱有私欲，要为了社会和人类而努力工作，这也就是强化公司组织的基础。
第 4 条 梦想：要具有能够让身边人热血沸腾的梦想。
第 5 条 爱：首先要爱自己，然后关爱身边的人，并且将这个圈子扩至整个社会、整个地球。
第 6 条 变革：不断改革。维持现状是退化的第一步。
第 7 条 决断和速度：不要错失良机。勇于决断、立即实行。一旦发生不妥的事马上回归原状。
第 8 条 团结（团队力）：团结一致，发挥凝聚力。激情澎湃、充满朝气地勇往直前。
第 9 条 毅力：已经决定的事情就一定要做到底，不要放弃。
第10条 伦理观：做善事，不做坏事。有悖道德的事情，即使利益的诱惑再大，也要果断放手，这是勇气的第一步。

图 4-2 经营者在企业重建时所需要的 10 条基本素质

第五章

实践版　磨炼领导力

一、检验领导力的技能

2005年（平成17年）4月（财团法人）日本规格协会出版了《实践　现场管理和改善讲座　领导力》一书（名古屋QS研究会编·加藤靖庆执笔）。本节内容摘自该书。字句在其基础上有所修正。

（一）文化技能

构建企业文化通常被认为是与通过经营战略的方式在市场竞争中获得优势相对的一种经营策略。20世纪70年代后半期至80年代前半期，石油危机之后，被认为是经营战略的全盛期。市场上，在竞争中不胜出的话企业就无法存活的思想引领下，战略性经营成为重中之重。这一观念不可忽视，但让企业赢得竞争的战略并不是支持企业持续发展的全部。

重视顾客，使顾客获得满足的经营（CS：Customer Satisfaction）；重视员工，让员工获得满足的经营（ES：Employee Satisfaction），这两者对于企业长远的生存发展是极为重要的，领导应该都理解这一点。实施以人为核心的经营是非常必要的。一边是“顾客”，另一边是“员工”，应该懂得通过“人”推进经营的重要性。

企业文化，决定了全体员工共有的价值观、思考方法和行为模式。这是在公司内部潜移默化中形成的大家共有的思考模式、行为模式，它对员工有约束力。因为比起成文的经营基本方针等，共同价值观更能对员工的思想意识、行动有实质性的影响。

如何凝聚员工的力量？如何在公司中自立？公司存在的意义是什么？企业文化就植根于思考上述基本问题的出发点之中。也就是说，企业文化处于决定企业发展方向的经营战略之上。与人该如何生存这一问题一样，企业文化追问的是企业该如何生存，即企业的存在意义和价值。

重视人和环境的经营理念受到追捧的时代，企业文化越来越成为一种有力的经营资源。消费者越来越明智，是不会购买缺乏文化内涵的企业的产品和服务的。有远见的员工也会离开这样的组织。关注环境问题的经营，也会因企业文化的水平不同而有巨大差距。

在员工需求多样化的状况下，企业文化的核心，是从根本上提高员工凝聚力的重要东西。

文化技能的测定与其他技能的测试有 10 方面的不同，请先用这 10 条标准来衡量一下自己文化技能的水平吧（图 5-1）。

图 5-1 的考核项目中，最后企业的诊断部分，“不能光从生产力方面，还应该坚持以人为本的原则从宽松度、充实度等方面分析”，这个认识非常重要。因为“文化”就是组织里的员工实现自己理想的内心活动。品格、道德、伦理观离开文化都无从谈起。因此，可以认为没有企业文化，组织就无从说起。

	考核项目	☑
1	是否认识到企业文化是宝贵的经营资源? (坚信企业文化和人力、物力、财力、信息一样是优质的经营资源吗?有意识到把这一经营资源变成员工行为的基础吗?)	
2	对经营理念、创业者精神的关心度高吗? (企业文化的根本是经营理念。它是员工使命感的源泉,如果没有能够触动员工心弦的某种东西,组织就会衰退。自己总是能返回原点思考问题吗?)	
3	能充满热情地构建企业文化和员工共同的价值观吗? (企业文化能将员工的心凝聚在一起,也能成为规范行为的基石。自己有坚定的人生信条,总能注意做到言行一致吗?)	
4	能做到重视下属的价值观,并使之贯彻到日常工作当中吗? (下属各自都拥有独立的人格和价值观。你注意尊重下属的个性,让他们从事适合的工作吗?)	
5	积极致力于参加地区的交流活动和志愿者活动吗? (会接受承担街道会议、PTA 的干事之职吗?关心地区的文化活动、传统仪式吗?)	
6	会偶尔听演唱会,观剧,参观美术馆、博物馆吗? (平时多参加各种文化活动会让精神世界更加丰富。从其他角度重新审视自己也很重要。)	
7	职场中,在策划文化社团等新活动的时候发挥自己的作用了吗?有自己筹划的想法吗? (开展各种文娱活动,是营造宽松、丰富的职场氛围的关键。自己在这些事情上能发挥领导力吗?)	
8	尝试过重塑自己的崭新形象吗?有想办法提升职场的形象吗? (改变形象会给企业文化以新的冲击。有主动致力于提升自身形象、职场形象的强烈意识吗?)	
9	如果被问到,请说出对自己产生影响的一本书,能立刻回答出来吗? (人的心灵成长和自我实现的欲求是无限的,因此有必要多读好书。如果不能回答出受到影响的理由也不行。支撑企业的自己的文化程度低的话,就不在讨论之内了。)	
10	诊断自己的企业时,有没有意识到不能光从生产方面,还应该坚持以人为本的原则从宽松度、充实度等方面分析? (生产力的提高和人类福祉的追求这个二律背反的课题,在今后的职场中需要平衡地解决,能够做到坦率地接受这一情况吗?)	

图 5-1　文化技能的考核项目

人类的需求，有 A. 马斯洛提出的从“生理的需求”到“自我实现的需求”等五个阶段，企业文化是和高层次的需求相关联的。如果没有尊重组织中个人的立场，就无法讨论企业文化。可以认为，企业文化并不是组织这一有机体的水土、社风这些自发生成的东西，而可以看成是一种更加积极的有目的性的东西。不是产生于被动的态度之中的，而是从守护人的尊严、满足个人的“自我实现的需求”当中诞生的。

因此，可以认为每个企业的企业文化的内容，是由公司全体员工的智力水平决定的。新概念、新价值观的创造过程中，在何种程度上考虑员工的感受，在何种程度上忠实于创业精神和经营理念，是维系企业文化的重要课题。

（二）概念性技能

如何提高概念性技能呢？这个技能是理念性的、抽象性的，所以领导者的使命感、人生观、价值观等对这一技能影响很大。图 5-2 列举了提高概念性技能的参考项目。这些虽然不是提高概念性技能的全部内容，但都是适合的条目，以供参考。

	参考项目	☑
1	经常制定中长期、年度目标，并有勇气发出挑战吗？ （目标制定能力是领导者的最重要课题之一。目标制定和挑战意欲两者相辅相成、缺一不可。）	
2	会为了提高应对变化的洞察力而注意收集信息吗？ （在不透明的时代更要求有看懂变化的能力，领导者凭借信息定胜负。）	

（续）

	参考项目	☑
3	是不是能够利用收集的信息努力地预测发展趋势？ （总能读懂变化，预测将来，把组织往好的方向带领吗？）	
4	发展目标不是个人的部署，有没有站在公司发展的角度来制定？ （局部思维不会使人迅速成长。居上位者应该有大局观。）	
5	有没有努力把自己的目标和组织的目标结合起来？ （高层的目标是以业绩为中心的目标。不能预估成果的目标是不行的。）	
6	达成一个目标后，有没有立即制定下一个目标？ （组织的经营发展是永无止境的。目标也必须持续更新。）	
7	为了达成目标有没有制定具体的计划？ （作为指导方针的发展目标，必须通过制定具体实施措施来实现，这方面是否已经准备周全？）	
8	所谓计划，包括长期计划和整体计划。有没有将长期计划通过中期计划、年度计划来实现，将整体计划分解为部门计划、个别计划呢？ （管理周期的起点是计划。计划不严密的话验收的水平也会下降。）	
9	有没有让下属制定目标，并持续鼓励其勇于挑战呢？ （目标通常是一般人不付出非同寻常的努力就无法达成的。因此，就需要领导者发挥作用。）	
10	作为领导者有没有经常思考，组织现在所处的位置和最理想的组织是什么样的？ （组织力弱，职场就没有能量。作为领导者有没有为了组织改革而学习呢？）	
11	①官僚制・金字塔型组织，②分权的・水平型组织，③流动的・网络型组织，理解这三种组织的优缺点吗？ （对组织认识不充分的人，不适合位居他人之上。）	
12	组织不分大小都会陷入墨守成规的模式，为了预防患上所谓的大企业病，有采取适当的措施吗？ （“我，没听说过这事”“那不是我管辖范围内的”“高层的职责是什么呢，这不是我该负责的”“算了，别着急，再想想看吧”等，如果领导者开始说出这些台词就是大企业病。）	
13	有没有具备从组织收集到的信息中，准确地做出取舍判断的能力呢？ （不多角度收集信息的话会导致判断失误，判断时分不清有用信息和无用信息也是不行的。）	

（续）

	参考项目	☑
14	做出判断和执行决定，这两者有没有很好地结合起来？ （决定了不行动，这是组织力退化的第一步。决定了的事情坚决执行了吗？）	
15	能不能比任何一位下属都准确地抓住时机并采取有效的行动？ （组织是根据领导者的判断而行动的。领导者的战略决断能力在任何时代都很重要。）	
16	充分管理好人力、物力、财力了吗？有采取合适的措施保障全部业务顺利实施吗？ （领导的管理能力差的话目标制定就是一纸空文。）	
17	顶层、上司对于方针的把握不用说，自己对负责的业务能提出建设性的意见，拿出企划案吗？ （光做好激励下属的工作是不够的。从自己开始由上而下地激发活力，带头示范的才是出色的领导者。）	
18	每天总是以崭新的心情去面对业务和自己的职责吗？ （不断革新自己是获得周围好评的一大要点。敢于挑战任何事情的勇气极其重要。）	
19	在进行健康管理、努力提高体力的同时，有没有坚持每天为提升才能而努力呢？ （努力提高才能、体力的领导者，年轻又充满活力。年轻是人的魅力源泉。）	
20	在为自己的将来投资的同时，有没有有计划地持续地进行自我启发呢？ （对自己的教育投资是进行自我启发的关键。从现在到以后，在这方面有没有疏忽大意呢？）	

图 5-2　提高概念性技能的参考项目示例

图 5-2 里所列举的 20 项里也有和概念性技能没有直接关联的项目，可以从中自选 10 项进行对照检查，这也是一种方法。

除了以上列举的，概念性技能还需要以下这些能力，“新概念、新价值观的构建”“职场意识改革的推进”“新事业领域的创造”“在复杂状况中把握问题的核心、本质”“根据经营战略进行事业革新”“对公司未来发展的洞察”等。

与图 5-2 里列举的 20 项相比，刚刚列举的各条目作为概念性技能更适合成为时下企业的课题。企业是适应环境变化不断发展的，所以随着时代的变化，技能的检定内容必须适当调整。

既有“企业是顺势发展之业”，又有“企业在平衡中成立。经营就是要达到一种平衡”的看法。这都因为企业是有生命，不断发展的。所以，虽然有不可动摇的核心部分，却不可能有唯一绝对的法则。

（三）人际关系技能

人际关系技能是从高层经理到低层主管，发挥领导力的所有人都需要具备的一项技能。在重视团队工作的职场，维持良好的人际关系成为各阶层的重大课题。领导只有毫不懈怠地努力提高人际关系技能，才能激发员工的工作动力，振奋士气，凝聚职场能量。

图 5-3 列举了 20 条用来提高人际关系技能的措施，这 20 条，和概念性技能里指出的一样，仅供参考，不是人际关系技能的全部内容。

提高人际关系技能，重要的是先要理解对方的立场，体察对方的心情，以对方的视角进行沟通交流。要让职场上下左右的沟通畅通无阻，就像血液在身体里顺畅流动才能保证生命一样，沟通也必须在职场中顺畅进行。

	参考条目	☑
1	努力了解下属的人品了吗? (领导者是把自己的想法通过下属贯彻实施的人,因此必须了解下属的人品。)	
2	作为上司,能准确把握下属的优缺点吗? (不洞察下属的内在,是无法真正理解下属的。)	
3	能认清上司的性格和爱好,并进行有效的沟通吗? (清楚认识上司和下属都很重要。维持良好的沟通,需要很好地理解上司和下属。)	
4	总是能努力维持主管部门的良好的团队合作吗? (职场能量来源于良好的团队协作。阳奉阴违的人越多就越没有活力。)	
5	能抓住时机合理地调解各主管之间的矛盾吗? (下属认真工作,势必会出现各主管之间的意见不一致。关键是通过调解吸收其中的正能量。)	
6	有没有促进各部门之间的配合有序进行呢? (职场只有纵向、横向都协调配合好才能顺利运转。注意不能只关注纵向关系。)	
7	对身体不适或有烦恼的下属,是不是在公私场合都表示了关心,提供了帮助? (擅长洞察人情、细心的领导者才是出色的领导者。)	
8	在给下属委派比较多的棘手的工作的时候,有没有充分沟通,让下属欣然接受呢? (优秀的领导者比起教会下属工作方法,更要热心于告诉他们工作的意义。)	
9	提升说服力不光要靠毅力,有没有学习如何把道理讲得合乎逻辑呢? (层次越高,用到说服力的机会就越多。怎么"对症下药"呢?)	
10	激发下属的工作激情是上司最重要的工作之一。对相关理论感兴趣吗? (马斯洛的人类需求理论、麦格里格的 X—Y 理论、赫茨伯格的动机卫生理论等,有学习过这些理论吗?)	
11	为了调动员工积极性,有没有关心并采取措施改善员工的职场环境和劳动条件呢? (职场环境和劳动条件,如果认为是自己管辖范围之外的事而消极逃避,下属则不会心服口服。)	

（续）

	参考条目	☑
12	有没有根据职场实际状况和下属具体情况灵活地改变领导风格呢？（一贯坚持专制型或民主型，都不能成为好的管理者。）	
13	有没有掌握并践行命令、报告等沟通交流的原则呢？（职场的纵向交流基本是由命令和报告构成，自己首先清楚原则并教给下属，这一点很重要。）	
14	有没有审时度势，适时召开各种必要的会议，彻底贯彻执行方针政策呢？（有时意见不统一，下属会走到上司所期待的相反方向，这一点需要注意。）	
15	有没有根据需要，适量收集下属负责的业务相关信息呢？（要点是适量地收集必要的信息。有没有花费时间收集无用信息呢？）	
16	会批评下属吗，是只针对事实批评吗？（下属都是在批评声中得以成长的。因此，清楚下属的工作内容、进展状况还有下属的人品是关键。）	
17	有给下属适当的权限，努力培养下属吗？（不委以重任就无法培养人才，教会下属并放手让他们去尝试。）	
18	委派给下属的工作有充分跟进吗？（完全放任是危险的。让下属认真汇报，给出充分指导，避免失误，这是关键。）	
19	有没有提高下属的问题意识，给予必要的引导，从长远发展的角度培养下属呢？（眼前的工作虽然很重要，但培养人才需要面向未来。）	
20	有没有正确评价下属的能力、适应性等，引导下属良性发展的同时，做到公正、不偏袒呢？（下属能清楚地明白上司给予自己的指导和其如何评价自己，所以上司要做到公正、不偏颇。从这个意义上讲，居上位者是孤独的。）	

图 5-3 提高人际关系技能的参考条目

这样的职场才能产生团队合作。团队合作良好的职场，才会营造出互相启发、互相激励，朝着职场目标协同作战的积极氛围。这时，即使围绕工作的具体做法产生对立和纠葛，领导者也会把它作为促进成长的动力，谋求提升职场的活力。所有人都积极向前、努力工作的职场，会在想法、做法上产生差异。由此产生的对立、纠葛，倒不如说是促进组织成长的能量。

（四）技术性技能

技术性技能，是低层主管必须熟练掌握的一项技能，特别是在开展 OJT 培训时，此项技术的内容对下属的早期培养影响重大。

这项技能，首先要求业务知识水平。其次，为了提高业务水平，要求能够收集与新业务相关的信息情报，并为改善新业务做出贡献。现场重复作业多，因此容易陷入思维定式。其结果就是职场氛围变得保守。一旦陷入思想上的松弛、缺乏紧张感这样的状况，就容易产生事故。再加上想要改善这一状况非常困难，如果没有别出心裁的努力就会导致职场的生产能力下降。

为了杜绝这种恶性循环，图 5-4 的技术性技能的参考内容，对现场领导来说非常有效。

	参考项目	☑
1	充分掌握了与自己岗位相关的业务知识吗？ （交易的相关知识、各领域的业务知识、商品知识等，具备专业素质就是从掌握这些基本知识开始。）	
2	能自信地说自己负责的业务已经做到全公司第一了吗？ （首先要成为公司内该业务方面的数一数二的专家。）	
3	不仅在自己公司内部，还具备在其他公司该业务能力也能充分发挥作用的自信吗？ （致力于从社内业务专家变为被社会广泛认可的行业专家。）	

（续）

	参考项目	☑
4	尝试着把自己负责的业务需要掌握的相关技能编成规范化的小册子了吗？ （如果只是自己一个人精通相关领域业务的话，就可能陷入思维定式。为了在有人事调动时工作也能顺利开展，有尽力公开相关专业技能吗？）	
5	就负责的相关业务，有没有提出过切实可行的改善方案呢？ （有经常思考谋求提高和制定实施方案的积极想法吗？这才是用脑思考，不满足现状的表现。）	
6	有持续收集与业务相关的信息情报吗？ （从公司内外收集专业方面的相关信息。另外，还要阅读相关的专业图书和杂志等。）	
7	是不是精通自己负责的业务以外的相关联的其他业务呢？ （只懂得自己那一块业务的话并不能称为专家。部门业务的顺利开展需要其他相关部门的配合。）	
8	除了负责的业务和相关联的业务，有努力把握公司整体业务状况的意识吗？ （从专才发展为通才，是专业商务人士的必经之路。）	
9	是不是充分掌握了组、课、部的内部业务呢？ （关于部门内的业务，能向其他负责人提出建议吗？）	
10	给下属的工作分配公平吗？ （对下属的工作内容充分了解吗？业务分配公正吗？）	
11	有积极努力提高能力以使自己的工作更高效、合理吗？ （工作方法一成不变、不谋求改进的话只会落后。有积极地致力于提升职业技能吗？）	
12	有努力地改变工作方法吗？ （为了适应环境的变化，一成不变的做法是不行的。为了改变工作方法，有努力改变思维方式和看待事物的角度吗？）	
13	知道现在业务的问题点是什么吗？ （有没有正确把握问题呢？如果没有正确把握问题，那么解决问题时头绪会更乱。）	
14	为了解决问题，有寻求多个方案吗？ （想法的质和量是解决问题的关键。有从中准备两三个甚至更多的解决方案吗？）	

（续）

	参考项目	☑
15	关于其他业务，知道改善什么、怎么改善吗？ （知道与所负责业务相关的部门需要改善的地方，并且知道改善的先后顺序。）	
16	销售部门应提高市场开拓能力，生产部门应提高技术、产品开发能力，人力部门应提高解决重要问题的能力。注重提高各部门的能力了吗？ （领导有没有就手头上的课题努力从广度和深度两方面提高开发的能力呢？）	
17	除了现在负责的业务，对其他业务也有兴趣并努力钻研吗？ （多关注其他领域，以免成为“专业傻子”。）	
18	作为商务人士、领导者，有不断增加自己的正能量吗？ （体力是有界限的，但智慧是没有界限的。有充分锻炼越用越聪慧的大脑，有如饥似渴地学习吗？）	
19	有没有将职场中遇到的困难作为自己工作的一部分，迎难而上呢？ （不挑战困难，问题的解决只能被延后。需要注意如果没有果敢挑战的精神，就无法提升自己。）	
20	能看清状况的本质，并不断提高必要的应对能力吗？ （发现具体问题的同时，努力提高解决问题的能力非常重要。为此，需要提高管理能力，扩大管理视野。）	

图 5-4 技术性技能的参考项目

技术性技能的提高，关键是要以专业领域的技术知识为基础，致力于持续提高能力和降低成本。坚守业务的职权界限，努力将能够标准化的内容逐步推进，实现规则化、规范化。

另外，提高与专业领域相关的其他业务知识。在此基础上，从整个公司发展的宏观视角了解所负责的业务的意义和价值是十分重要的。因为业务的标准化和改善措施，如果只是自己部门最优的话是有问题的。必须清楚是不是对公司整体来说也是最合适的。

企业上层普遍认为，不断扎扎实实地提高实际业务部门的能力是一个公司存续的关键，所谓的改革不过是这种提高持续积累的结果。哪怕是微小的提高，孜孜不倦地积累下去，不久也会演变成改革。充实技术性技能，也就是使实际业务部门的工作能力变得更为强大。

项目	内容		你怎么做?
文化技能	• 打造企业文化，提高文化渗透力 • 培养充分理解创业精神和经营理念的员工 • 树立共同的价值观，增强其在职场内的渗透能力 • 提升企业的品格和员工人品	→	
概念性技能	• 理性的、抽象化的能力 • 确定企业方向 • 用新框架变革组织 • 用战略的眼光确定企业的发展方向 • 用正确观念设定课题	→	
人际关系技能	• 对人的掌握能力、人际关系的维持能力 • 职场中团队协作能力的发挥 • 激发动力和充分调动工作热情	→	
技术性技能	• 具有专业水平的业务执行能力 • 业务把握能力、业务改善能力 • 技术及产品开发能力、市场开拓能力 • 专业领域内的专家	→	

图 5–5 领导力的提高方法

二、领导者养成术：领导者的意识改革研修

本节讨论的课题是，应该如何培养领导者。领导者的养成方法有很多，在这里给大家介绍一下集合研修时使用的资料（教材）。研修的主要内容是如何推进领导者的思想意识改革。

（一）在形势严峻的时代应有的姿态：思想意识改革

1. 培养预测新时代的洞察力

① 时下，是领导者自己也未经历过的成熟社会，在其不断发展演变的过程中，为了应对这种日新月异的变化你有给高层献言献计吗？

② 在人口减少的时代，为了应对个人消费低迷的情况，应该开发什么产品呢？

③ 虽说由长时间通货紧缩导致的消费市场萎缩的状况在逐步恢复，可是情况也不容乐观，在这种状况下如何调整组织呢？

④ 按规格大批量生产、大量消费型社会正在向多样化、个性化、正规化、自然共生型消费社会过渡，为了顺利地实现这一过渡，什么是必需的呢？

⑤ 管制宽松产生了自由竞争的社会环境，这给市场带来活力的同时也导致贫富差距的进一步扩大，今后还会产生哪些新问题呢？

⑥ 销售总量下降和供给过剩的矛盾是没办法轻易解决的。在解决问题的过程中，企业和从业人员应该做怎样的观念转变呢？

⑦ 老龄化和少子化问题不断加剧，对于渐渐失去活力的国内经济，作为一个企业该采取怎样的应对措施呢？

⑧ 世界顶级的个人金融资产持有国的优势和政府债务总额超出 GDP 这一劣势，该如何去管控和平衡？

⑨ 随着原油、LNG 等进口急剧增加，贸易收支呈现赤字，国内企业特别是中小企业该采取怎样的经营战略呢？

⑩ 在消费者只购买想要的、有附加值的产品才能卖得出去的成熟的经济环境中，中小企业为了存活下去应该提供什么样的产品和服务呢？

2. 追求充满活力的生活方式：自我启发

① 在企业激烈的自我变革中，作为职场商务人士该具备怎样的专业能力和一般性能力呢？

② 有努力掌握挑战新的事业领域的企划能力吗？

③ 对关于保护地球、善待人类的新技术的开发和新产品的研究抱有热情吗？

④ 有为地区发展和共创（Creating Together）贡献的崇高精神和志愿者精神吗？

→有和地区共生、共创未来的行动力吗？

⑤ 为了适应 3C（Culture、Community、Communication）时代，敢于挑战（challenge）变化（change），能够抓住成功的机会（chance）吗？

⑥ 真正的丰富是什么？人类的幸福是什么？在组织当中该如何去思考这些问题，又该如何行动呢？

⑦ 在工作中，为追求实现自我和成就自我的喜悦而付出行动了吗？

⑧ 避免只从身处的部门、自己的专业领域出发思考问题，要努力以所有部门、整个公司、全球化的视角对事物做出判断。为了做到这一点，平时有没有进行相关的训练呢？

⑨ 有没有为了践行自己的想法，致力于培养能够获得周围人的协助和配合的领导力呢？

⑩ 有注意养成利他之心优于利己之心的生活方式吗？

3. 组织的发展趋势

- 大规模组织 ⇒ 向扁平化、分社型、阿米巴组织转变
- 金字塔型官僚制组织 ⇒ 向分权型流动组织转变
- 重视现阶段成果的组织 ⇒ 向重视未来成果的风险型组织转变
- 统制型组织 ⇒ 向重视自我管理型组织转变
- 机能型组织 ⇒ 向重视创造、战略业务的组织转变
- 以相似人才为中心的组织 ⇒ 向不同类型人才混合的组织转变
- 偏重内部资源的组织 ⇒ 向活用外部资源的组织转变
- 防止失败型的保守性组织 ⇒ 向允许失败的宽容型革新组织转变
- 效率追求型组织 ⇒ 向适应环境型组织转变
- 平等主义的组织 ⇒ 向尊重个性的组织转变

4. 组织目标和个人目标的有机结合

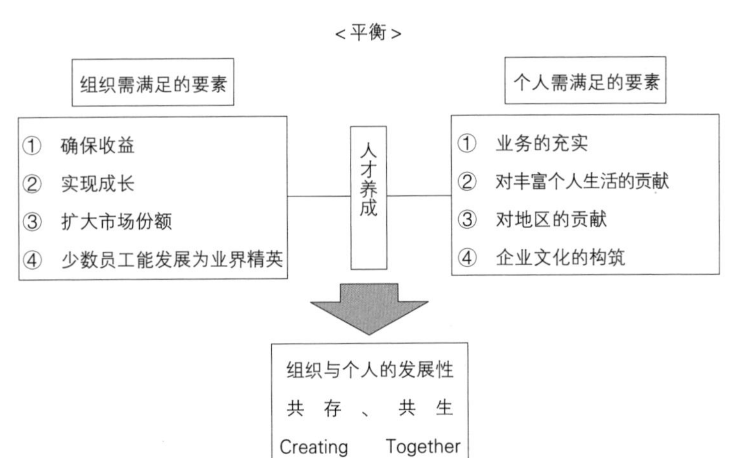

（二）要为组织做贡献，现在该做什么

1. 业务专门化：以 CS（顾客满足）为指标

① 用战略性的眼光考察公司商品、服务的现状
② 打造提供具有公司特色的商品和服务的理念。
③ 了解公司的顾客（从现在展望未来），并将其作为发展目标。
④ 调查研究公司顾客的需求，据此谋求自家商品、服务的发展方向。
⑤ 讨论商品的提案、提供的方式。
⑥ 根据CS方针配置经营资源
⑦ 设定CS目标
⑧ 确定实现目标的策略
⑨ 制订行动计划
⑩ 实施和评价，建立处理体系
⑪ CS的定期测定和反馈

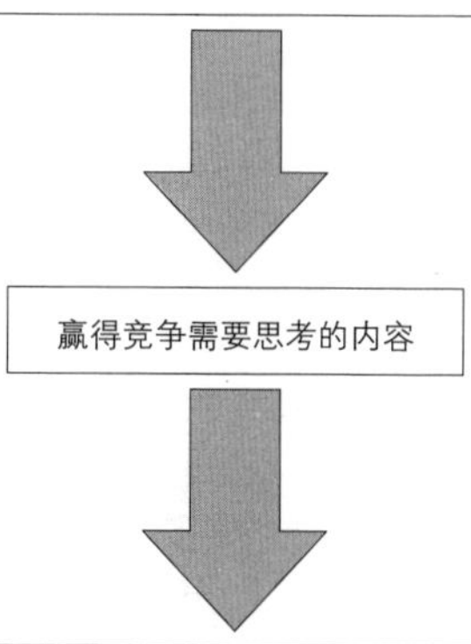

- 拥有特色商品 → 和竞争对手的差别化
- 稳定的价格政策 → 不输给竞争对手的合理价格
- 确保优势的市场竞争力 → 特殊对待特定的市场，超越竞争对手

2. 先行投资有价值的工作

有价值的工作

- 把不适合薄利多销、打折销售的商品从促销计划中删掉，重视盈利
- 努力开发原创性高的商品
- 将前期服务（销售前的周到准备）和销售咨询服务（提出对顾客有利的方案、销售咨询）差别对待
- 挑战技术难度高、熟练度要求高的业务
- 业务规范化：正式员工放弃不产生附加价值的工作，转交给临时工、派遣员工
- 避免做无用功（不产生附加价值的话只会提高成本的工作）=
①生产过剩 ②库存 ③不良品 ④加工本身造成的浪费
⑤策划中的浪费 ⑥执行中的浪费 ⑦固定消耗中的浪费 ⑧运输成本浪费
⑨制造工业品的浪费

经营中的成本浪费

- 顾客爽约造成的浪费（已经约好但因对方的时间问题没能见成）
- 转移耗费时间造成的浪费（活动范围的大小会造成浪费程度的不同）
- 商品目录导致的浪费
- 样品导致的浪费
- 多余的行驶路程造成的浪费

先行管理

- 制定中、长期计划
- 确定中、长期重点实施的事项
- 收集主要客户中、长期的宣传活动等信息
- 预测主要销售商中、长期的销售范围
- 确定公司中、长期的发展方向（商品、市场、组织的变化等）
- 制定全年的例行活动和其他活动的日程安排，设定销售目标（商品、地域、主要客户、营业人员）
- 决定销售计划的内容和时间
- 上述计划按六个月（上半期、下半期）制定，先以三个月（一个季度）作为管理周期实施

（三）实现跨越式发展应该完成的课题（如何思考、如何提出方案）

1. 制定公司的发展规划

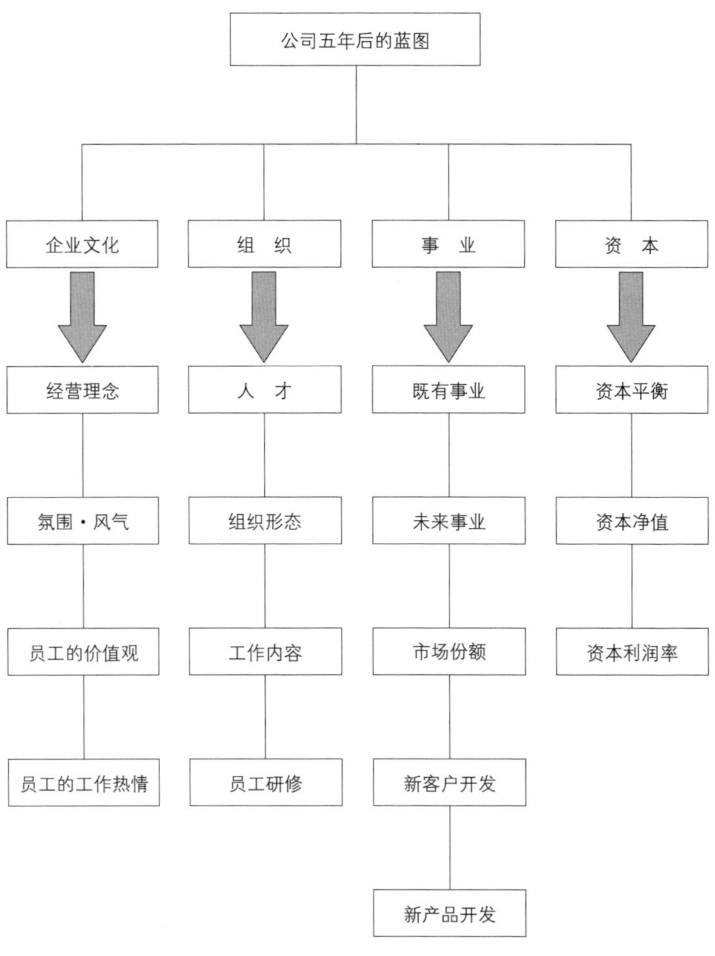

2. 从发现问题到解决问题

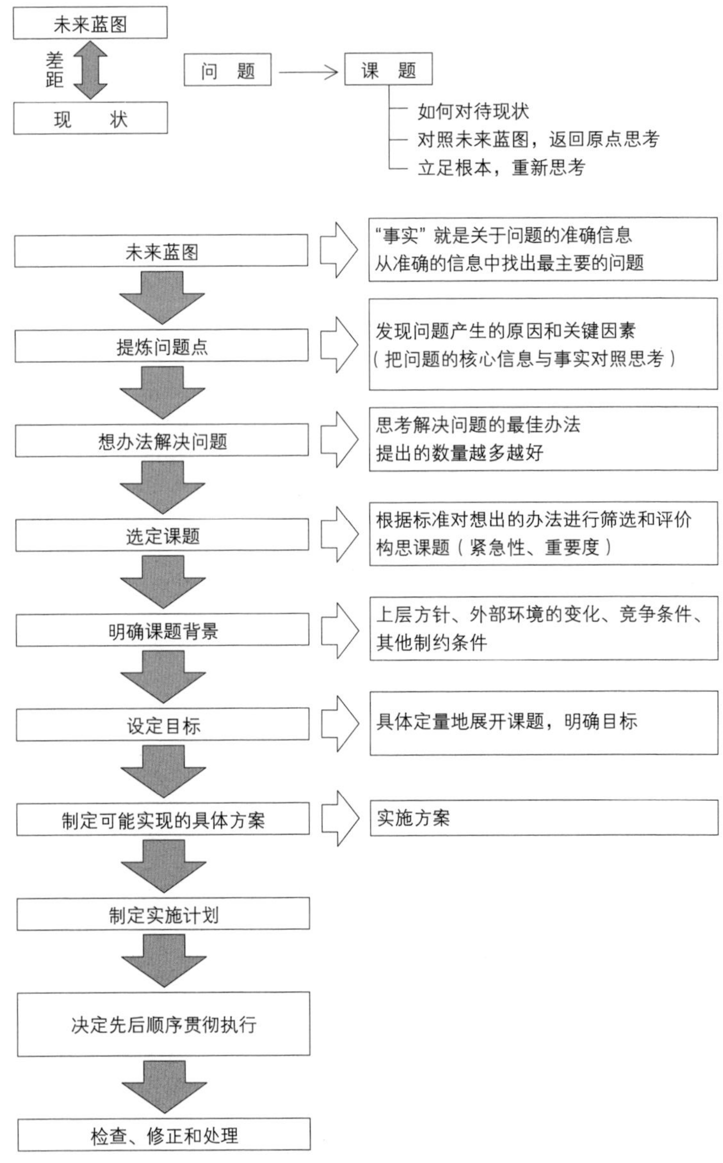

3. 解决问题（达成课题）的视角

（改善和改革的不同点）

改善・修正	改革・革新
所给条件・框架内	所给条件・框架外
习惯・常识・传统的范围	打破习惯・常识
部分的・部门内	全体（面）的・全公司的
表面的・修正	根本的・彻底的・结构性的
一时的・短期的	持续的・长期的
同质性・相似的	异质性・崭新性
过去或现在的延长线上・渐进	飞跃・断绝・脱离・急速扩大
合乎逻辑的分析・左脑思考	感性・灵感・右脑思考
周围影响力小	周围影响力大
成就感・价值小	成就感・满足感・价值大

4. 达成课题需具备的条件

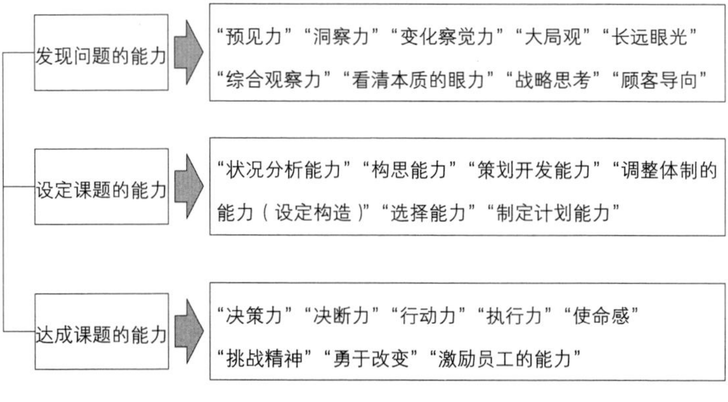

发现问题的能力 → “预见力”“洞察力”“变化察觉力”“大局观”“长远眼光”“综合观察力”“看清本质的眼力”“战略思考”“顾客导向”

设定课题的能力 → “状况分析能力”“构思能力”“策划开发能力”“调整体制的能力（设定构造）”“选择能力”“制定计划能力”

达成课题的能力 → “决策力”“决断力”“行动力”“执行力”“使命感”“挑战精神”“勇于改变”“激励员工的能力”

5. 解决问题型和现状改善型的区别

解决问题型	现状改善型
① 理想的追求（寻找恋人）	① 现实的瓶颈是什么
② 不光是强化既有业务，要实现飞跃	② 探求原因（寻找犯人）
③ 把已有的水平归零，从更高立足点看待现状	③ 为了维持、提升现状而去除障碍物
④ 追求具有魅力的事业	④ 遵守标准
⑤ 规划工作	⑤ 直线型业务

6. 通过设定目标和制定计划解决问题

① 为了解决问题制定具体的项目目标（未必是一个）

② 期待的成果

（目标实现的程度：到什么时候、实现什么、达到什么水平）

③ 为了达到目标而实施项目

→策划哪些活动（如何实施）

④ 具体指标（数值化、定量化、金额、数量、百分比）

⑤ 经营资源的投入→如何分配人力、物力、财力、信息

⑥ 制定行动计划（行动安排、PDCA 的日程化）

（四）促进团队合作以提升业绩

1. 经营资源的分析

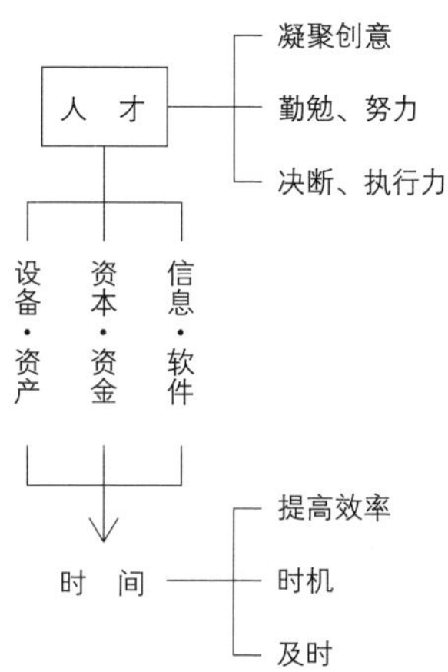

2. 强大的组织和团队合作

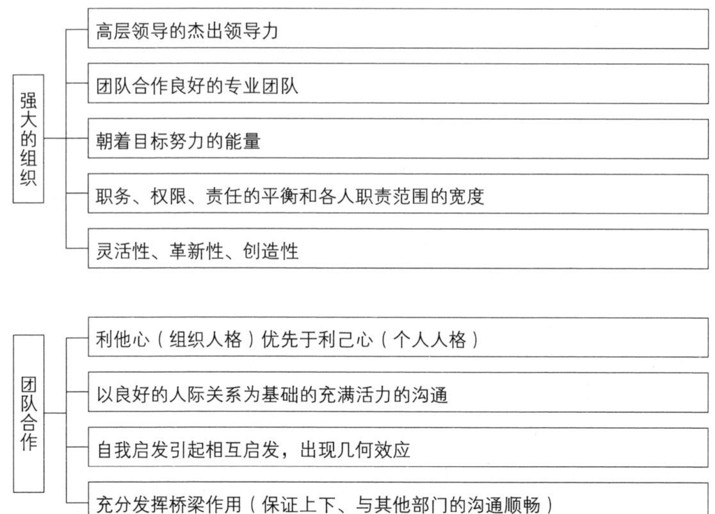

（五）突破后经济萧条时代的新时代领导者的素质

1. 领导者应具备的四方面（自我革新的四大功能）

① 外部信息的收集、分析、选择能力，审视社会变化的察觉力（向外的一面）
② 积极果敢挑战难题的强烈愿望、战略决策能力（向前的一面）
③ 对组织内外各种利害关系的交涉力、谈判力、说服力（横向的一面）
④ 管理部门、行使职权、明确职权界限（向内的一面）

2. 领导者十条（开拓新时代的思想意识改革和实践）

第 1 条　变化察觉力→时代变化
……解读、消化信息的能力
第 2 条　积极思维→社会正负能量各半。吸收正能量，人会成长，企业也随之成长。吸收负能量，人就会颓废。
……抛弃消极思维
第 3 条　每天都有新目标→倾尽全力完成当日事，今日事不拖到明日。
……早晨提出想法、中午实行、傍晚反省
第 4 条　克服痛苦的毅力→不断成长的人是有顽强毅力的，能战胜痛苦的人。
第 5 条　素直坦荡的人、谦虚的人→自身坦荡，是能够被他人看到的。谦虚则能看到别人的优点。素直就是抛弃各种杂念，自然而然看透事物本质的能力。
第 6 条　迎难而上→往前进就会碰壁。挑战它，跨过去就会使自己进步。
第 7 条　思考、斟酌→读报纸、图书之后思考，边听他人的意见边思考。仔细观察社会，再进一步思考。

第 8 条　抓住良机→发现销售的良机

……善于发现商品和市场中的良机，并紧紧抓住。与有合作机会的人交往。平日里就要为打下稳固的根基而踏踏实实地努力。

第 9 条　高尚的道德与士气的高涨→拥有自己的伦理观、企业道德。同时，不断自我启发。

第10条　对事业怀有梦想和情怀→克服烦恼忧愁、痛苦的关键是追求事业成功的梦想。没有梦想的人没有资格谈论事业和情怀。

3. 领导者应具备的能力

① 掌握企业发展环境，确认经营方针，重新认识自己的职责和使命。
② 作为组织的关键人物（上下左右的），能清楚认识自身的基本职责。
③ 能深刻理解革新的真正本质，并着手实践。
④ 主体性→积极地发现问题、设定课题，并制定相应的计划。
⑤ 对自身职责的认识→认识自己的职位，发挥影响力。
⑥ 能激发团队的活力→为实现目标激发团队干劲和凝聚力的能力。

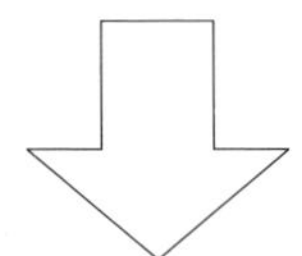

① 尊重下属的个性、自主性，帮助下属提高能力。
② 改善职场环境（改善人的环境、物的环境），创造一个人人都能实现自我的职场环境。
③ 设定目标和跟进执行计划的情况。

4. 给积极推进思想意识改革的领导者的十条建议

第 1 条　成为比别人更积极地从不透明的信息中读懂变化的人。
第 2 条　成为满怀激情地直面现实、勇于改变的意志坚强的人。
第 3 条　成为人生目的非常明确的人。
第 4 条　成为热衷实现自我的人（爱自己）。
第 5 条　成为仅有的一杯酒能先与别人分享的人（爱邻人）。
第 6 条　坚信事业的目的首先是为了社会和他人，挣钱的欲望居两者之下（爱人类）。
第 7 条　周围有三个以上崇拜并追随自己的人。
第 8 条　成为喜欢新鲜事物、对什么事情都感兴趣的人。
第 9 条　当众几乎不用“只是”“可是”“反正”等词。
第10条　不把当日的失败、烦心事带上床。

5. 催生思想意识改革的组织条件

① 比起“枪打出头鸟”，要有意识地营造培养“出头鸟”的氛围。
② 全公司都要敏锐地觉察世事变化，开展思想意识改革运动。
③ 不把优秀的人全部投放在主力商品上。
④ 创造快乐工作、不怕失败的团队风气。
⑤ 性格开朗的人多，要让用积极的态度思考问题的人占据主流。
⑥ 要有在研究开发、教育研修等上面投入资金的勇气。
⑦ 致力于工作的合理化、效率化，坚决不浪费一分钱。
⑧ 每个岗位都有拼命工作的人。
⑨ 有很多怀有独特想法的人。
⑩ 不断提出新的梦想，并为实现目标而持续努力。
⑪ 每个员工都清楚知道自己要做的事。
⑫ 形成自己发现问题并通过自己的努力解决问题的风气。
⑬ 员工自发地制定目标，通过自身努力实现目标。
⑭ 很多人自主学习。
⑮ 很多人向公司外部发展人脉，收集其他行业信息。

工作表 I

外部环境变化的预测

项　目	预测到的变化的内容（具体地记述）
经济・地区的动向	
市场・行业的动向	
其他竞争公司的动向	

※　具体地，请按照①＿＿＿＿　②＿＿＿＿　③＿＿＿＿这样记述。

工作表 II

针对外部环境变化的应对措施（自己的提案）

自家公司的应对方法（具体地记述）
1. 市场的强化（产品开发、市场开发、贩卖促销、其他）
2. 组织力、人才力（人力）的强化（组织开发、人才培养等）
3. 品质竞争力的强化（含技术开发等）
4. 成本竞争力的强化（合理的・省力化・效率化・投资等）
5. 交货管理的强化（工程管理、物流管理等）

※ 具体地，请按照①________ ②________ ③________这样记述。

工作表 III

为了改变自己：首先分析自己的现状

自己的优点（资产）	自己的缺点（负债）

※ 请制作一张自己的资产负债表。

请按照①________ ②________ ③________这样记述。尽可能多地列举。

※ 资产-负债=净资产（资本）

对自己的现状分析结果进行判断，得出结论是净资产型还是负债型。

工作表 IV

商务人士的资质检定表
为了自我革新

	项　　目	5	4	3	2	1
1	不会被工作追得团团转、非常被动，导致没有喘息的机会。					
2	没有说过“忙得无暇思考”“那种事，往后缓缓”等。					
3	被问及“你业务上存在的问题是什么?”时能够立即清楚地回答。					
4	不说“那个不行”“现在不行”，而是先思考有什么方法。					
5	非常清楚自己部门的问题是什么，总是自己提出问题，而不是被上司抢先。					
6	即使是长期的问题，也要识别当前要做的事情，并优先处理。					
7	关于自己负责的业务，总是在考虑“该做什么”“到什么时候做好”“要达到什么状态”。					
8	满足周围人的自我实现之前，首先重视自己的自我实现的满足。					
9	一个目标达成，立即设定下一个目标。					
10	没有说过“因为公司和部门的方针不明确，自己也没办法做出决定”之类的话。					
11	“困难是革新的机会”“变化是发展的机会”，总是正面、积极地思考问题。					
12	属于哪怕遇到乍一看解决不了的事情，也想着“想想办法吧”“先努力看看吧”，这样类型的人。					
13	喜欢新事物，对新活动，美术馆、博物馆的展览等兴致很高。					
14	遇到未经历过的事情时，积极思考解决方法，认为这是促使自己成长的机会。					
15	认为公司和自己一成不变的话是不行的，有危机感，努力收集新的信息。					
16	事情进展不顺利时，在追究他人的责任之前，先冷静地自我分析，追问自己的责任。					
17	时常去书店翻看新书、打开网页、听演讲等，总是用各种方法接触对自己有用的信息。					
18	不畏惧调动到其他部门或开展新业务等，不会畏缩不前。					
19	为了想出与之前不同的方法，不会考虑面子等，积极吸取众人智慧。					
20	工作是工作、私生活是私生活，分清界限，不磨蹭、不拖延工作时间，不牺牲私生活。					
	合　　计					分

(注) 评价　5　能够回答“非常自信地在那样做”
　　　　　4　能够回答“虽然不总是全都做到，但60%~70%是可以的”
　　　　　3　能够回答“有时候那样做”“一半程度是的”
　　　　　2　“偶尔那样做”
　　　　　1　“完全不行”“不关心”

(1) 评定

① 180分以上　→你士气高涨，能充分做到自我革新。

② 279~60分　→你离自我革新就差一步。再积极向前一点点就能打开一片新天地。

③ 359~40分　→只迈出了一步。发现自己擅长的事情，多多体验，不断挑战，懂得积极向前的态度的重要性。

④ 439分以下　→好好分析自己的资产负债表，思考作为一名商务人士该怎么做。

三、培养强大的新型中层管理者

能够培养中层管理者的公司通常被认为“强大且生机勃勃”。强大的新型中层管理者会在精神层面上勤恳打造日本式的经营氛围，管理上会吸取美国企业狩猎型的成果主义，对下属格外严格。为了保住自己的职位，需要推进目标管理并拿出成果。这一过程中必须贯彻少数精英主义。

（一）中层管理者关心的事情

中层管理者是室、科、集团的利益责任人。一名利益责任人所必须关心的事如图 5-6 所示。

① 理解上级的方针，制定本部门的发展战略，在不断调整战术中切实推行。
② 作为负责人担负起完成上级下达的利润目标的责任。
③ 提高培训能力，正确地培养和激励下属。
④ 永远充满干劲，积极地带领团队前进。
⑤ 首先要帮助每一名下属发挥个人能力，其次要发挥团队的综合能力。
⑥ 将团队的力量集中于实现目标，让团队中的每一个人都能超水平发挥自己的能力。
⑦ 让每一名下属最大限度地怀有危机感，也要最大限度地激发下属的潜力。
⑧ 新型中层管理者会借助危机感提升自我的思想境界，并且体现到行动中。
⑨ 给予本部门下属适当的压力，激励大家通过自己的努力去突破现状，克服困难。
⑩ 最后，要向下属描绘挑战结束后美好的前景。

图 5-6　作为利益责任人必须关心的事

如今的年轻下属们都喜欢在背后盯着中层管理者。但是，“跟着我干”这种简单粗暴的做法是完全无效的。不光是年轻人，所有的下属都一样。如果他们不从内心真正认可的话，谁也不会跟着上司干的，必然会出现阳奉阴违的现象。动用职权去强迫下属做事已经是很久以前的做法了。

新型中层管理者必须注意的事项如图 5-7 所示。

① 具备超过年轻下属的能力。也就是说，要增长自己的才干，磨炼自己的心性。
② 自我磨炼所散发出来的光彩，能够照亮周围的人。
③ 用更为全面的理论武装自己，以理服人。
④ 要充满感性，以平等对话的姿态和下属交流。
⑤ 永远不要忘记尊重年轻的下属，并对他们抱有感谢的心。
⑥ 即便是小数目，也要愿意为年轻下属掏腰包。
⑦ 要重视年轻下属想实现自我价值的想法，但首先要实现自身的价值。
⑧ 在回顾过去之前，应当满怀激情地去描绘未来的蓝图。
⑨ 不要安于现状，要时刻都有改革的想法。
⑩ 要比他人加倍地重视企业的经营理念，即创业精神。为了实现 CS（顾客满意）、CSR（企业的社会责任）勇于身先士卒。
⑪ 不要为了自己的仕途而利用下属。
⑫ 不要去获取不属于自己的东西。

图 5-7 新型中层管理者必须注意的事项

也就是说，要成为一名理解下属疾苦的管理者。这样的上司，下属才愿意跟随，同时也会得到身边人的支持。

（二）指导手法的活用

指导能力是培养下属时不可或缺的一点。“指导”这一说法让人耳目一新，但其实这种手法早在江户时代的手艺人当中就存在了。此外，在所有的体育界也一代一代被传承下来。

这种培养下属的方式令人想起了曲艺人和手艺人曾经的世界，但是现在已经不是这样了。不过在体育界还是存在的。指导的方法根据教授内容和师傅态度、能力的不同，模式也各不相同。

所谓“指导”，就是“教练最大限度地将对方的干劲调动起来的一种交流技巧”，也可以说是将对方的能力最大限度地调动起来的交流活动。

用马斯洛的需求层次理论来说，对于追求低层次需求，如“生理需求”“安全需求”的人来说，无论如何指导都意义不大。而“社交需求”，即想要结交朋友，进行快乐的群体活动，指导的意义估计也不太大。

指导的对象是达到追求“自我需求”“自我实现需求”这一层次的人群。前者是指有意愿提升自我能力的人；后者是指有意愿追求自我生存价值、工作价值，成为有创造力的人。指导对于这两类人群来说是有效的。

中层管理者的下属中，既有干劲满满的人，也有懒散懈怠的人，甚至还会有阳奉阴违的人。指导，对于热切希望能够实现自我价值的下属来说，是极有意义的培养方法。

抱有“自我需求”“自我实现需求”的想法并积极努力的人所苦恼的问题背后，可能就隐藏着解决方案。指导者就是要让对方坚信自己一直寻求的答案就在自己的心中，并且与其一起找出这个解决方案。不，用“帮助他找出解决方案”这个说法恐怕更为准确。

关于中层管理者指导下属的步骤，我有如下建议。

指导的前提如图 5-8 所示。图 5-9 为实施指导的要点。

① 从“人性本善”的角度去看待指导对象，相信这个人是可以拿出干劲认真工作的。
② 相信对方有问题意识，并且坚信问题意识的背后就隐藏着答案。
③ 坚信能够引导对方给出问题答案的有效方法只有一个，那就是提问式交流法。
④ 信任对方会积极地践行自己寻找出的答案，坚信指导绝对不会是一场徒劳。
⑤ 咨询顾问采用的是分析、给出提案加以引导和帮助的“援助式”方法，指导老师采用的是带领对方认识现状、找出解决方案并激发其行动的“诱导式”方法，坚信后者更为重要。

图 5-8　指导的前提条件

上述指导的实施重点可能稍嫌冗长且有不当之处，但是大致顺序是这样的。

但是问题在于，即便指导者省略了其中的若干步骤，这一指导过程还是比较烦琐，需要花费很多时间。并且，根据个体的不同，效果也会有差异。这些都是指导的缺点。必须认识到，指导对象的自主性、自发性、自律性都是参差不齐的。同样的，他们的问题意识的水平也各不相同。所以出现花费很多工夫，最后却没有多少收获的情况也是意料之中的。

① 围绕对方真心期望的事物进行交谈，并设定目标。
② 明确实现这一目标的时间和达到的水平。
③ 在推进实现目标的行动的同时，认真观察对方的即时状态，并根据重要性和紧急度，为其列举在实现目标的过程中可能遇到的障碍。
④ 挑选出在今后行动中对方能够灵活运用到的自有资源（人、物、钱、信息）。
⑤ 当遇到的障碍太大，与可用资源不匹配时，应回到上一步重新审视目标。
⑥ 觉得目标可行时，让对方制定行动计划。
⑦ 和对方讨论行动计划是否具有可行性，如果有不妥之处要使其意识到并加以调整。
⑧ 在确认计划可行的基础上，与对方确认实施行动的具体时间。
⑨ 激励对方自主、自发地朝着目标行动。
⑩ 在行动实施过程中，注意跟踪观察并注意让对方感受到阶段性的成就感。

图 5-9 实施指导的要点

作为一名新型的中层管理者，即便需要花费很多工夫，也要培养下属养成在日常工作中善于提出问题并带着问题处理工作的习惯。可以说，培养了多名自己在职场中的“分身”，是新型中层管理者的功绩。

一名新型中层管理者的职场功能，就是激发职场中的工作热情，通过下属来取得工作成果。因此在培养下属、指导下属、给予下属工作动机的同时，激发出他们的工作热情也是一项重要的技能。此外，圆滑周到的交流技巧、团建活动等适当的措施都是促进取得阶段性成果的重要手段。这一系列工作绝非易事。正因如此，新型中层管理者不是论资排辈的，而是要指定那些具备出色领导力的人来出任。

（三）新型中层管理者的重要性

日本一直以来都是以工作成绩来给予员工课长、次长、部长等职位，可以说是“论功行赏”的。因此，全方位的管理型人才往往无法被安排在最适合的职位上。还有一些人，一当上领导就耀武扬威，疑神疑鬼。因此，仅凭业绩优秀就走上领导岗位的人，未必具备培养下属的能力。

品行不端的上司无法以德服人。说到底，领导力的核心在于具备出色的人品。

实行凭借业绩和工龄提拔干部的人事制度，公司一旦遭遇不景气的经济环境经营就必定会岌岌可危。此时，裁员就会从组织不需要的人开始，就是那些拿着高额年薪却提升不了业绩的毫无管理能力的管理者和毫无监管能力的监管者。

这些人是裁员的第一人选。在募集有离职意向的员工时优先从这些人开始。这实在是日本式经营产生的罪恶的人事制度导致的悲剧。

今后的新型中层管理者千万不能成为这一悲剧的主角，不要成为企业合理化时的赘肉。管理对一个企业来说，是至为重要的，因此必须由具备管理才能的人来担任新型中层管理者。

在全球化发展进程中，日本企业一直迫切需要的就是人才。人才是涉及企业长期发展的重要因素。培养人才是一项长期的事业，因此一定要用长远的眼光来制定计划，这是目前以及今后的一项重要课题。也就是说，要意识到教育投资是企业最重要的投资之一，但是回报需要很长的一段时间。

（四）培养年轻员工的基本方法是 OJT

培养有多种方法，在工作现场的话最基本的方法是 OJT。虽然 OJT 的负责人通常是工作现场的前辈员工、主任、班组长等，但是主任级别的人，是现场的关键人员，基本上都一心扑在生产上。确实，在提高生产效率方面，让他们专注于本职工作更加有效。为了有计划地实施 OJT，班组长应该是最合适的人选了。

主任级别的人大多没有接受过培养后辈员工的训练，在教学方法上就会千差万别。因此，OJT 的负责人非班组长莫属。

1985 年（昭和 60 年）之后，全球化进程进一步加快，加上现场组织扁平化，很多大企业都撤掉了班组长这一岗位。这件事直接导致了现场 OJT 水平的下滑。同时，大企业中非正式员工的比例也在不断上升。如何降低现场的人工费用，缩小与海外代工厂人工费的差额，成为大型制造企业面临的一大课题。人工费是削减成本的大头，因此工作现场的人才培养工作就渐渐地被束之高阁了。但是，保证高品质的商品、提高工作现场的效率等方面的问题开始层出不穷。

大约从 2010 年（平成 22 年）开始，大企业开始出现了恢复班组长这一岗位的动向。年轻员工的培养工作迟迟无法开展，对“全能班组长”这种生产第一线关键人物的需求再次回暖。身兼培养年轻员工和提高工作现场效率重任的班组长，其重要地位大大提高了。自那以后，在生产一线培养年轻员工工作的重点是参与 OJT 和 QC 活动，这一原则至今没有改变过。

另外，指导对员工培养的作用也是很大的。指导不是让员工在一旁看着，教给他操作步骤，而是重视员工的自主性，让其亲身参与进来，这与传统培养方法的差异还是很大的。因此承担此项工作的不是班组长这样的基层干部，而是以课长为中心的中层干部。

指导，重视的是 listening（倾听）能力，而非 hearing（听见）能力，需要分析下属的业务能力、进取心、工作积极性等方面，因此相较于基层干部，中层干部更能胜任指导老师一职。

指导者给下属布置课题，督促其设定工作目标，让他认识到自己的潜力并尽全力制定出能力范围内最高水准的实施方案，然后在方案的指导下自主、自发、自律地付诸行动。指导者赋予下属工作的动机，并进行后续跟进，这种激励法给予被指导者极大的影响。也就是说，作为上级的指导者的领导能力在此时就成为关键。

目标达成后的成就感会给予员工极大的自信，并且促进其成长。指导者的倾听能力、交流能力和激励能力会让员工鼓起干劲、勇于挑战。通过自己的努力达成目标，这就是指导的目的所在，指导者就是作为潜力激发者和辅助者的角色而存在的。

(五) GROW 模板

手法之一，“GROW 模板”是根本。GROW 在英语中是“养育、培养”的意思。我将用它的每个字母来阐述关于指导、培养下属的内容。图 5-10 的内容引自本间正人的著作《商务入门·指导》(PHP 研究所·2001 年 1 月)，笔者进行了补充。

G	Goal（目标的明确化）→从抽象的大目标到具体的中小目标 从大目标落实到具有可行性的具体的小目标。此时为了激发下属的潜力，应设定稍稍高于他能力的目标数值。千万不要设定他绝对完成不了的目标，要充分认清下属的最大能力，这是重点所在。
R	Reality（把握现状）→真正的问题是什么 “问题”的定义是“理想与现实的鸿沟”。解决问题的第一步在于正确把握现状。然后明确自己要实现的目标，即“你希望状况发生怎样的变化”。
	Resource（资源的发掘）→达成目标所需要使用的事物 所谓资源，是指人、物、钱、信息、时间等。为了解决问题，或者说为了实现目标，需要认识思考哪些资源是可用的。
O	Option（确定选项）→追求无限的可能、选择最适当的选项 不要拘泥于传统观念与固定思维模式，工作中要发散思维，要经常思考“这样做是不是也行呢”。在多种可能性当中，选出实现目标的最佳方法。不要拘泥于传统的做法，要“创造出很多选项，并在其中选择最适当的一个”，这一点很重要。
W	Will（达成目标的意志）→明确干劲 指导的最后一步是 Will，即“确认实现既定目标的意志、决心”。指导者在实现目标的过程中起着基石奠定者的作用。“那么，什么时候做”这句话是指导过程中经常出现的话。制定好计划并如实写入日程表中，有助于计划步骤的切实执行。

图 5-10 GROW 模板

在践行 GROW 模式的时候，最好也将图 5-11 作为自查表来使用。但是并非一定要按照 G→R→O→W 这样的顺序来操作，要根据实际情况自己安排。

接下来，我将指导法和传统型管理方法做一下整理（图 5-11）。

此外，在图 5-12 中，我将指导法和与其相似的个别咨询法、专家咨询法进行比较。

项 目	指导法	传统型管理手法
人生观	性善论（Y 理论）尊重自主性的参与型	性恶论（X 理论）上级立场优先的权威主义型
人际关系	协调型、协作型的扁平化关系	支配从属的上下关系
交流	提问型（主角是下属）	指示・命令型（主角是上级）
答案提出人	本人（上级起引导作用）	上级（部门方针、上级方针优先）
信赖关系	无条件的信赖（全部交给员工自己来监管）	有附加条件的信赖（首先做出示范，然后让员工尝试去做，如果没有错误的话就交给员工）
评价	重点评价过程（员工的努力过程）	重视结果（结果就是全部）
培养视角	长期的视角（重点在于员工的成长）	短期的视角（重点在于尽快提升能力）

图 5-11 指导法与传统型管理手法的差异

指导法	“调动”→认识被指导者的现状、新发现和目标设定、行动、激励、收获成果
个别咨询法	“诊断”→提炼出问题、分析原因、治疗、应对
专家咨询法	“引导”→现状分析、改善方案的提示、目标设定与指导

图 5-12 指导法与个别咨询法、专家咨询法的差异

指导法是为了进一步激发出有干劲的下属的潜力，会鼓励他自主地参与目标实现活动。与之相对，个别咨询法重在“诊断”下属的内心状态。先“诊断”，然后开出最适合他的药方。而专家咨询法则重在引导，辅助下属找到最适当的方向，并为他展示出前行的路线。

因此，想必读者们也都明白了，我们需要根据下属的具体状况、能力大小、自主性程度、工作积极性的高低来区别使用“指导法”“个别咨询法”和“专家咨询法”。

新型中层管理者最重要的工作之一就是培养下属。培养不出优秀的下属，就没有资格成为一名管理者。

为了培养人才，仅仅从人的角度去发挥领导力还有失偏颇。管理者的目光不光要关注人和团队协作能力，也要关心业绩，必须提高团队的实现目标的能力。

还有一点，管理的风格也需要注意。重视指导法的管理者通常是管理型、参与型的风格，但是这种风格仅限于处在稳定期的员工工作热情高涨、氛围积极向上的企业。一名管理者的风格要根据时间、地点、状况随时调整。

一旦企业面临了紧急状况，管理者就必须身先士卒，冲到第一线做出正确的应对指示。这个时候如果还是坚持自己的民主风格，按部就班地和下属交换意见和想法，事态只会一味地恶化下去。在这种紧急情况下，即使稍显强势，也要丢弃民主型、参与型的管理风格，果断采取专制型、统治型的风格。

以新型中层管理者为中心的各位管理者，一定要站在全局的立场上，全方位地观察形势，做出冷静、理性的判断，一定要有勇气根据时间、地点、具体情况的变化随时调整自己的应对方式。

经营是一项有生命力的工作，正因为有生命力，就处于永远的变化之中。只有具备敏锐的洞察力，才能读懂经营的千变万化。善于应对变化的组织才能生存、发展下去。核心人物就是经营者以及支撑经营的新型领导团队中的你。

最后，介绍三张表供各位作为领导力研修材料使用。

中层管理者的作用

项目	内容	你准备怎么做?
完成课题·目标的作用	• 理解企业的经营方针和基本政策，根据部门目标把握自身岗位工作，并设定目标。 • 为了实现工作目标，实施 PDCA 循环。 • 今天的收益取决于日常管理的优劣。	
革新组织的作用	• 要有“什么是最合适的组织”这一意识，不断思考如何提高组织凝聚力。 • 给出“勇于打破现状的组织是什么样的”这种打造充满活力的组织的提案。	
培养“分身”的作用	• 准确把握下属的能力，思考提高下属能力的方法。 • 与下属交流，给予鼓励，让其充分发挥能动性。 • 中层管理者的价值就在于能够培养优秀的下属。	
对未来业绩的作用	• 从联结高层与一线员工的重要立场出发，不断思考企业的生存发展之道。 • 为了给将来的业绩打下坚实的基础，我们现在该采取哪些措施。	

基层管理者的作用

项目	内容	你准备怎么做?
协助上级（课长）完成本部门目标	协助担负部门利润任务的课长，团结下属，为了部门目标共同努力。	
走亲情路线，像大哥一样对待下属（一线工人）	作为工作现场一线的指挥官，了解下属的想法，协调部门内部的人际关系，成为大哥般可信赖的存在。	
发挥指导能力，让 OJT 出成果	培养下属是监管者的使命。切实执行 OJT，通过指导法取得成果。	
实施 PDCA 循环，提高业务效率	监管者肩负提高工作现场业务效率的职责，因此要切实实施 PDCA 循环。	

指导的秘诀

项目	传统管理方式	使用指导法将会怎样?
人生观	因为主动工作的下属不多，所以要严加管理（抱有这种观点的都是懒人）。	
交流	以上级为主导的指示型、命令型交流。	
人际关系	由上级主导的、支配型的人际关系。 相较于横向，更为重视纵向的人际关系，严格遵守职场规则。	
组织观	金字塔型、垂直型组织。 利用规则和条例成为制度化的、稳定的组织。	
培养的观点	培养员工的基本理念是从短期的视角出发，追求快速成长。重视提高当前业绩的训练。	
评价	结果就是一切，侧重结果。 没有结果的过程是没有意义的。 上级评价下属。	

结 语

在前言中，我曾经说过，本书是我任职于中京大学以来七年的研究成果的集大成，在此我衷心感谢身边诸位的大力支持和帮助，让我能够完成这部作品。

我将此书作为在研究生院阶段的最后一本出版物，带着这样感慨的心情，为此书做了总结和增补。衷心希望这本书能够受到社会各界、各企业的管理者、研究生、大学生的喜爱。

从内容上来说，这本书更侧重于实务，而非学术。在拜读了两位经营之圣的多部著作之后，我用自己的思维逻辑阐述了他们的领导力实务。其实关于这两位经营之圣的理念，有很多人比我知道得更为详尽，但是我之所以拿出勇气着手创作这部著作，是因为我心怀与两位经营之圣直面切磋的热忱。

关于松下幸之助经营理念的相关论述，我曾于 2008 年（平成 20 年）12 月在三惠社出版了《领导力的本质　从松下幸之助身上学到的原理》。之后的 2010 年（平成 22 年）1 月，我在税务经理协会出版了《日本式经营与领导力》。本书算是第三次，多处引用了前两本书的内容，请见谅。

关于稻盛和夫的经营理念，我在上文中提到的《日本式经营与领导力》里面做过论述，本书是第二次。同样也是做了多处引用，因此我再三表示这本书是我之前研究的集大成。不过在这本书中我从自己感兴趣的方面对“尊重人性的经营”“以人为本的经营”做了论述，并且辅以我对领导力的观点、日本式经营、培养新型管理者的实践论以求更加充实全面。因此我认为这本书是从实务方面对领导力所作的论述。

入职中京大学之后，我的研究课题是“领导力论”，主要是以“日本式经营”为中心进行论述。日本式经营的根基就在于“尊重人性”“以人为本”（尊重），这一观点也正是我这次的总结。

不知道我倾注在这本书中的热情能有多少被读者感受到，如果大家在读这本书的过程中能有一些共鸣和同感，我将感到无比欣慰。书稿变成铅字离开了我的笔端，从此开启了一段寻求新友人之路，我在内心祈愿它能够拥有美丽的邂逅。

我在前文中也提示过，本书文末没有登载参考文献和引用书籍。但是，引用部分的出处，除了我自己的作品之外，都在文中一一标注，如有需要，烦请自行确认。

同样的，本书也没有索引。本书与其说是一本学术书，不如说是一本供大学生、研究生，甚至是工作在各行各业的人士广泛阅读的实务书，所以我想没有索引并不会引起阅读中的不便，还请诸位了解并见谅。